David Line, geboren 1946, war zunächst Redakteur bei diversen Verbraucher-Zeitschriften, bevor er 1983 freier Journalist wurde. Er hat mehrere Bücher veröffentlicht und ist beim Rundfunk tätig.

Julia Line, geboren 1947, ist freie Schriftstellerin und hat mehrere Bücher veröffentlicht. Ihr besonderes Interesse gilt den verschiedenen Formen des Okkultismus.

Deutsche Erstausgabe

Titel der Originalausgabe »Fortune-Telling by Dice«

Umschlaggestaltung Adolf Bachmann, Reischach
Umschlagfoto Studio Schmatz, Egmating
Satz IBV Satz- und Datentechnik, Berlin
Druck und Bindung Ebner Ulm
Printed in Germany 5 4 3 2 1
ISBN 3-426-03769-6

David und Julia Line:
Schicksalsdeutung aus den Würfeln

Aus dem Englischen von Verena Knümann

Mit zahlreichen Abbildungen

Knaur

Für G. H. L. und C. E. L.,
ohne die unser Buch nicht möglich gewesen wäre.

ISBN 3-426-03769-6 880

Inhalt

Einleitung

Wohl die meisten von uns haben sich schon das eine oder andere Mal beim Rückblick auf vergangene Ereignisse ihres Lebens gesagt: »Ich wollte, ich hätte so oder so anders gehandelt« oder »Warum habe ich mir nicht etwas anderes ausgesucht?«. Selbst in einem sehr weltlichen Leben sind die Möglichkeiten enorm, vor die ein jeder Mensch im Laufe eines Tages gestellt wird. Jede Handlung, auch wenn wir sie als das Ergebnis einer sogenannten freien Wahl betrachten, kann sich als erster Schritt sowohl zur Katastrophe als auch zum Erfolg erweisen. »Wenn ich nur zehn Sekunden länger mit diesem Mann geredet hätte, dann hätte ich nicht genau den Augenblick erwischt, in dem drei Autos zusammenstießen... eines davon war meins.«

Die Schlüsselwörter sind »wenn« und »nur«, aber sie sind natürlich in die Vergangenheit gerichtet, und es ist wertlos, zurückzuschauen auf das, was hätte sein können. Die englische Sprache ist voll von Sprichwörtern, an denen man diese Geisteshaltung verfolgen kann... »Es ist nicht gut, die Stalltür zu schließen, wenn das Pferd schon ausgebrochen ist«... »Wie man sich bettet, so liegt man«... und besonders passend für dieses Buch... »Die Würfel sind gefallen«.

Es ist natürlich sinnvoll, zurückzuschauen und aus seinen Fehlern zu lernen. Aber wie viele Leute können ernsthaft für sich den Anspruch erheben, es auch zu tun. Die Möglichkeit, in die Zukunft zu schauen, hat die Menschheit weitaus mehr gereizt. Dabei geht es nicht unbedingt darum, für den Verlauf eines ganzen Lebens jede einzelne Handlung vorherzubestimmen, sondern vielmehr darum, einige umfassende Hinweise auf Lebensrichtungen und Vorbilder, Gut und Böse zu erhalten. In ihrem Ausgangspunkt ist die

Schicksalsdeutung gleichbedeutend mit der menschlichen Intuition. Die Intuition rät uns, etwas nicht zu tun, oder sie sagt uns, daß der Umgang mit jemandem nützlich oder schädlich sei. Sie gründet auf Gedanken, oder, wenn man so will, auf Überresten des siebten Sinns, aber nicht auf der Logik oder dem bloßen Gefühl.
Es ist daher kein Zufall, daß die Intuition bei den meisten Formen von Wahrsagerei und Weissagung eine sehr bedeutende Rolle spielt. Die Intuition füllt das Skelett der Wahrsagung beim Tarotspiel, beim Runen- oder I-king-Lesen mit Fleisch. Rechnet man dazu noch Handlesen, die Astrologie, die Zahlenmagie und zahllose andere Disziplinen hinzu, so stellt man fest, »daß Wahrnehmung durch Intuition« der gemeinsame Nenner ist.
Ebenfalls kein Zufall ist die Tatsache, daß viele der Spiele, die wir als einfache Glücksspiele betrachten, ihren Ursprung nicht in der Entwicklung der Muße- und Freizeitinteressen haben, sondern vielmehr in der Wahrsagerei und Schicksalsbefragung. Deshalb sind Wörter wie »Glück«, »Zufall«, »Schicksal« und »Wahrsagerei« ihrer Bedeutung nach nicht zu trennen.
Das vielleicht spannendste Glücksspiel ist das Würfelspiel. Im Unterschied zu Kartenspielen oder auch zum Roulette (dem Glücksrad?) ist das Würfelspiel schnell, abwechslungsreich und sehr einfach. Soweit wir wissen, ist es wahrscheinlich das älteste bekannte Glücksspiel und wahrscheinlich auch die älteste Methode der Wahrsagekunst. Aber, wie alle anderen Methoden der Vorhersage, sind die Würfel nur Mittel zum Zweck. Sie sind weder von sich aus in der Lage, in die Zukunft zu schauen, noch kann ihnen irgendeine mystische oder geheime Macht zugeschrieben werden. Die Genauigkeit der Vorhersage mit Hilfe der Würfel ist abhängig von demjenigen, der sie deutet. Die Würfel liefern den Schlüssel, mit dem der Wahrsager die Zukunft des Fragenden aufschließt.

1.
Geschichte des Würfelspiels

»Gerechtigkeit in unserm Schicksal –
o wie gut ist unser Erbe!«
Kipling: A Song of the English

Würfelspiele, Losen und Knochenwerfen im Spiel wie auch zur Vorhersage sind so alt wie die Menschheit selbst. Die Primitiven erfanden Wahrsagespiele, damit die Götter denen, die fähig waren, die Symbole zu entschlüsseln, Hinweise auf die Zukunft geben konnten.

Im alten Ägypten, während der archaischen Periode, warfen einzelne Personen, die vor einem Problem standen und nach einer Lösung suchten, Stäbchen in die Luft. Das Ergebnis des Wurfs entschied dann darüber, wie sie handelten. Diese Wurfstäbchen, die Vorläufer unsres Würfels, waren einfache, röhrenförmige Stäbchen, die zwischen 7,5 und 23 Zentimeter lang und aus gespaltenem Schilfrohr hergestellt waren. Gebräuchlich waren Sätze zu 4, 5, 6 und manchmal noch mehr Stäbchen.

Man fand auch Stäbchen aus Holz und Elfenbein. Eine Seite war leicht nach innen gewölbt und unbearbeitet, die andere nach außen gewölbt und mit Schnitzereien oder Gravuren verziert. Wenn man sie warf, ließ sie der Zufall entweder auf der Ober- oder Unterseite landen. Die Wurfstäbchen haben eine gewisse Ähnlichkeit mit den Schafgarbestengeln des I-king, wobei die Art, wie sie gehandhabt werden, verschieden ist.

Primitive Völker der ganzen Welt, darunter Afrikaner, Eskimos und Mayas, haben Würfel unterschiedlicher Formen und Markierungen sowie verschiedenster Materialien verwendet, zum Beispiel aus Horn, Zähnen, Pfirsichsteinen

und Tonscherben. Während der griechischen und römischen Zeit waren viele aus Elfenbein, Kristall, Amber und Porzellan. Die richtigen »Lose« waren jedoch aus Tragant oder den Gelenkknochen von Tieren wie Gänsen oder Schafen.
Der Astragalus ist ein kleiner, unregelmäßiger Knochen mit vier Seiten und kommt im Fußwurzelgelenk der meisten Huftiere vor. Die unebenen Seiten wurden glattgefeilt, und jede Seite wurde mit mythischen Symbolen beschrieben. Die Griechen ließen die Gelenkknochen lieber so, daß jede der vier Seiten verschieden blieb, die eine nach innen, die andere nach außen gewölbt, die dritte beinahe flach und die vierte krumm und unregelmäßig. Sie brauchten ihren Astragalus nicht sonderlich zu markieren, da die einzelnen Seiten leicht zu unterscheiden waren. Wegen ihrer ungewöhnlichen Form sind einige griechische Würfel besonders interessant – hockende, aus Silber gearbeitete Figuren mit angezogenen Knien und in die Hüfte gestemmten Armen. An verschiedenen Körperstellen waren sie mit den Zahlen 1 bis 6 markiert. Bei einigen arabischen und indischen Stämmen wird der Astragalus bis zum heutigen Tag verwendet, und das arabische Wort für Gelenkknochen ist dasselbe wie das Wort für Würfel.
In der römischen Mythologie war Merkur der Gott der Würfelspieler. Er war meist auf Zehenspitzen, die Fersen vom Boden gelöst, dargestellt. Seine geflügelten Sandalen wurden Talaria genannt, abgeleitet von dem Wort der Römer für ihre Würfel, Tali, die aus den Fersenknochen von Schafen und Gänsen, den heiligen Tieren Merkurs, gemacht waren. Merkur benützte Würfel, um die Zukunft vorherzusagen, und zu Ehren seiner Mutter nahm er einen Satz von fünf auf vier Seiten markierten Würfeln. Drei sechsseitige Würfel galten damals jedoch auch als ein Satz.
In der Bibel finden sich viele Hinweise auf das Würfelspiel. Sie verdeutlichen, daß Astragalusknöchelchen nicht nur im Spiel Verwendung fanden, sondern genausogut benutzt wurden, um Besitz aufzuteilen oder Streitigkeiten zu

schlichten – in erster Linie dienten sie aber der Vorhersage. Der heilige Thomas betont, daß »es nichts Böses sei, einen Streit mit Hilfe der Würfel zu schlichten, vorausgesetzt, daß man den Gegenständen selbst kein höheres Wissen zuschreibt und keine Teufel anruft«. Weiter sagt er, daß »es im Notfall zulässig sei, unter Wahrung der nötigen Ehrerbietung, ein Gottesurteil durch das Los zu suchen«. In Sprüche 16,33 finden wir den Hinweis, daß selbst wenn das Los geworfen ist, »die Entscheidung gänzlich bei Gott liegt«. Das Los wurde geworfen, um den ersten König Israels zu wählen (I, Samuel 10, 20–21), und bei der Aufteilung der Kleider des gekreuzigten Jesus unter den anwesenden Soldaten (Johannes 19,23–24).

Bei zahlreichen Ausgrabungen prähistorischer Stätten fand man Astragali, und vielleicht warfen schon vor 40000 Jahren Menschen diese Knochen bei ihren Glücksspielen – leider sind uns die Spielregeln und Verfahrensweisen bis heute nicht völlig bekannt. Archäologen fanden Kunsterzeugnisse, die um 3500 vor Christus bei ägyptischen Glücksspielen verwendet wurden; ebenso Grabmalereien und Vasenzeichnungen, die Menschen oder Götter zeigen, wie sie Astragali werfen und dabei Rechentafeln benutzen, um den Spielstand festzuhalten. In der ägyptischen Abteilung des Britischen Museums ist ein schönes Beispiel eines Elfenbeinastragalus zu sehen, der ungefähr 1600 vor Christus der Königin Hatesu gehörte.

Die frühesten Würfel, die wir aus dem Irak und Indien kennen, stammen aus dem Jahre 3000 vor Christus. Die Arier, die im 2. Jahrtausend vor Christus in Indien einfielen, spielten leidenschaftlich gern, und Würfelspiele mit Vibhidatanüssen waren bei den meisten Leuten, mit Ausnahme der besonders religiösen, weit verbreitet. In Indien finden sich die ersten schriftlichen Belege des Würfelspiels in dem über 2000 Jahre alten Sanskritepos *Mahabharata.* Im *Rgveda,* einer Sammlung von vedischen Hymnen, findet sich ein Gedicht mit dem Titel »Die Klage des Spielers«. In einem Vers wird der Gott Savitr zitiert:

Spiele nicht mit Würfeln, sondern lege deine Hand
an den Pflug!
Freu dich an deinem Besitz, der Preis ist hoch!
Kümmere dich um dein Vieh und um deine Frau,
du Spieler!
Das riet mir der edle Savitr.

Sophokles und Herodot haben beide Anspruch auf die Erfindung des Würfelspiels erhoben – beider Anspruch erwies sich jedoch durch zahlreiche archäologische Funde früheren Datums als unglaubwürdig. Sophokles glaubte, das Würfelspiel sei von Palamedes, einem Griechen, während der Belagerung von Troja ungefähr im Jahre 1244 vor Christus erfunden worden. Herodot nahm an, daß es von den Lydiern stamme, ebenso wie der Ball und andere Spiele, und daß diese Erfindungen zurückgingen auf die Zeit der großen Hungersnot unter der Herrschaft König Atys, als das Volk täglich wechselnd entweder aß oder spielte. Es ist allerdings bekannt, daß Palamedes während des Trojanischen Kriegs auf jeden Fall das Damespiel erfand, was vielleicht der Grund für die Verwirrung war.
Würfelspiele waren ein weitverbreiteter Zeitvertreib bei den Griechen und Römern. In der Endphase des Römischen Reichs wurde das Würfelspiel für ungesetzlich erklärt und war offiziell nur während der jährlich stattfindenden Saturnalien erlaubt. Dieses Gesetz wurde aber im allgemeinen ignoriert, und viele berühmte Römer waren mit dem Würfelspiel vertraut. Nero und Augustus waren beide leidenschaftliche Würfelspieler, Mark Anton spielte während seines Aufenthalts in Alexandria, und Caligula war ein notorischer Falschspieler. Kaiser Claudius ging noch einen Schritt weiter und verfaßte sogar ein Buch über Würfelspiele.
Um 1400 vor Christus wurde die heute noch gebräuchliche Anordnung der Punkte eingeführt. Die Punkte wurden nach ganz bestimmten Mustern zusammengestellt und so gesetzt, daß die Anzahl der Punkte zweier gegenüberliegender Seiten immer die Zahl sieben ergab: 1 + 6, 2 + 5 und 3 + 4. Die

frühen germanischen Stämme waren bekannt dafür, daß sie sowohl um Menschen als auch um Besitz würfelten (wie man bei Tacitus belegt findet), und gelegentlich wurden sogar Stammesfehden mit dem Glücksspiel geschlichtet.
Seit dem Jahr 960 nach Christus, als Wibold über sein geistliches Würfelspiel mit seinen 56 »Tugenden« schrieb (das war die Zahl der Möglichkeiten, mit der drei Würfel geworfen werden können, unter Nichtbeachtung der Reihenfolge, die ein Spieler einhalten kann), folgten viele gelehrte Schriften zum Thema Würfelspiel. Richard de Fournival, ein französischer Gelehrter aus dem 13. Jahrhundert, soll der Autor eines lateinischen Gedichts sein, das in einer Strophe die erste uns bekannte Berechnung der 216 verschiedenen Möglichkeiten, drei Würfel zu werfen, darlegt.
Im Jahre 1526 nach Christus wurde die erste mathematische Analyse des Würfelspiels von Gerolamo Cardano erbracht, einem italienischen Physiker, Mathematiker und Astrologen. Mit einer ganz eigenen theoretischen Beweisführung versuchte er, die jeweiligen Möglichkeiten der verschiedenen Kombinationen, die Idee des reinen Zufalls sowie die Beziehung zwischen Glück und Wahrscheinlichkeit darzulegen. Cardano lieferte mit seinen Ausführungen erstaunliche und erstmalige Erfahrungen mit dem Glücksspiel und gab seinen Studenten Ratschläge, wie sie wetten sollten.
Die Wahrscheinlichkeitslehre hat ihre Wurzeln in den alltäglichen Problemen des Glücksspiels. Auf die Bitte von Spielern hin, die schwere Verluste erlitten hatten, richtete Galilei gegen Ende des 16. Jahrhunderts seine Aufmerksamkeit auf die Analyse des Würfelspiels, ebenso wie Pascal im Jahr 1651. Die Berechnungen, die Galilei anstellte, sind genau die gleichen, mit denen heutige Mathematiker operieren. Der größte theoretische Schritt erfolgte jedoch erst 1750, als Christiaan Huygens seine berühmte Abhandlung *De Ratiociniis in Lundo Aleae* (Über vernunftmäßiges Folgern beim Würfelspiel) verfaßte.
Seit dem Mittelalter bis zum 19. Jahrhundert war das Würfelspiel ein sowohl populärer wie auch eleganter Zeitver-

treib. Seit dem 17. Jahrhundert ist jedoch ein durch die Verbreitung von Kartenspielen und Pferderennen bedingter stetiger Rückgang zu verzeichnen.
Ein letzter Gesichtspunkt, der von historischem Interesse für das Würfelspiel ist, führt uns zurück ins Jahr 1711, in dem die britische Regierung die Würfel mit einer Steuer belegte. Im Jahre 1804 betrug diese Steuer die enorme Summe von einem Pfund. Der Würfel mußte in offizielles, von der Regierung ausgegebenes Papier gewickelt und mit Wachs versiegelt sein. Diese Steuer wurde schließlich im Jahre 1850 abgeschafft.

2.
Das Würfelspiel und andere Spiele

Das Würfelspiel ist die Grundlage vieler Kinder- und Erwachsenenspiele, wie zum Beispiel Monopoly, Ludo und vieler anderer mehr. Die Verbindung von Brettspiel und Würfel geht in die früheste Geschichte zurück. Es ist anzunehmen, daß Seher, Weise und Wahrsager kunstvoll verzierte Spielbretter und Würfel als Bestandteile ihrer mystischen Gerätschaften benützten. Der Symbolismus, der diesen Gegenständen innewohnte, war auf die Bedürfnisse jener ungebildeten Leute zugeschnitten, die solche Weissager aufsuchten.

Ein Bild sagt soviel wie tausend Worte – eine Redensart, die in der heutigen Werbung häufig verwendet wird –, und die Bilder und Symbole, die diese Spielbretter verzierten, sagen weit mehr aus, als irgendein zusammenhangloser Wortsalat. Wahrscheinlich entwickelten sich die Bilder des Tarot – des Teufels Bilderbuch – auf die gleiche Art und Weise. Bei verbesserter Erziehung und Bildung der Menschen entwickelte sich das »Wahrsagebrettspiel« zu den harmlosen Gesellschaftsspielen, die wir heute kennen.

Sir Leonard Woolley, ein britischer Archäologe, entdeckte die ältesten uns bekannten Spielbretter in den Königsgräbern von Ur. Sie stammen aus dem Jahre 3000 vor Christus. Die Spielregeln sind unbekannt, aber wir wissen, daß jeder Spieler sieben Spielfiguren hatte und daß sechs pyramidenförmige Würfel verwendet wurden, um die Spielbewegung zu bestimmen. In einem Satz befanden sich drei Lapislazuli und drei weiße Würfel.

Das Backgammon (vom angelsächsischen »bac«, was soviel heißt wie »zurück«, und »gammon«, was »Spiel« bedeutet) tauchte in England schon im 10. Jahrhundert auf und hatte

sich aus dem ägyptischen »Spiel der dreißig Quadrate«, auch »Senet« genannt, entwickelt. Viele Bretter dieses Spiels wurden in Gräbern aus dem Alten Reich entdeckt – etwa aus dem Jahr 1580 vor Christus.
Griechische Frauen spielten ein Spiel, das »Fünf Steine« genannt wurde – ein ähnliches Spiel wird von Kindern heute noch so genannt. Diese fünf Steine waren fünf Astragali, und das Spiel wurde von Pollux, dem Lexikographen, folgendermaßen beschrieben:

> Man wirft die Knöchelchen in die Luft und versucht, sie auf dem Handrücken zu fangen. Schafft man es nicht ganz, so muß man die auf den Boden gefallenen Knochen aufheben, ohne die bereits aufgefangenen fallen zu lassen.

Die Griechen und Römer kannten viele Arten des Würfelspiels, und das folgende Beispiel gehört zu den interessantesten – man nimmt auch an, daß es eines der populärsten Spiele jener Zeit gewesen ist. Man spielte mit drei Würfeln, und jeder Spieler mußte versuchen, die höchste Punktzahl zu werfen. Die drei Sechser – das höchste, was man erreichen konnte – wurden sprichwörtlich. Als der Wachposten in Aeschylus' *Agamemnon* das Signalfeuer erblickte, das die siegreiche Heimkehr Agamemnons ankündigte, rief er aus: »Nun, da mein Leuchtfeuer dreimal die Sechs geblinkt hat, denke ich, daß das Schicksal meinem Herrn günstig war.«
Mit Astragali war der beste Wurf 1, 3, 4, 6 und wurde »Venuswurf« genannt. Jeder Knochen mußte dabei eine andere Seite zeigen. Der schlechteste Wurf, auch »Hundewurf« genannt, wurde erreicht, wenn viermal die Eins oben lag.
Das Spiel »Glücksknochen«, das in früheren Zeiten von Kindern mit Gelenkknochen gespielt wurde, hat eine verblüffende Ähnlichkeit mit dem Hasardspiel, das mit zwei Würfeln gespielt wird. Der Spieler, der zuerst wirft, wird »Würfler«, sein Gegner »Setzer« genannt. Während der Regierungszeit Georgs II., als alle Spiele mit einem oder meh-

reren Würfeln als gesetzwidrig galten, wurde auch dieses Spiel verboten. Der Grund dieses Verbots lag darin, daß man skrupellosen Falschspielern, die jederzeit bereit waren, ehrliche Bürger zu betrügen, das Spielen mit gezinkten Würfeln austreiben wollte. Würfel mit unregelmäßiger Würfelform verändern die genauen mathematischen Gewinnchancen. Gezinkte Würfel wurden *shapes* (Formen) genannt. Normalerweise wurden eine oder mehrere Seiten abgeschabt.

Ein weiteres illegales Spiel stammte aus der Marine und war bei Seeleuten weit verbreitet. Es hieß »Krone und Anker«. Das Spiel wurde auf einem Feld aus Öltuch gespielt, das mit den Symbolen Krone, Anker sowie den Askarten von Kreuz, Karo, Herz und Pik markiert war. Dazu benutzte man drei Würfel, die mit den gleichen Symbolen gekennzeichnet waren. Derjenige Spieler, der zum »Bankier« gewählt wurde, würfelte mit den drei Würfeln, nachdem die anderen Mitspieler sich entschieden hatten, auf welches der Symbole sie wetten wollten, und ihm ihren Einsatz gegeben hatten. Je nachdem, wie oft der Würfel seiner Wahl erschien, gewann der Spieler den einfachen, doppelten oder dreifachen Einsatz. Kam keines der gewählten Symbole, so verlor er seinen gesamten Einsatz.

Neben der Bedeutung der Würfel in der Wahrsagekunst und beim Glücksspiel besitzen sie noch weitere Symbolkraft. Im Hinduismus rührt sie von der rechteckigen Form der Würfel her – den vier Quadraten der heiligen Vier und den acht »Glieder« des Joga. Das Auseinanderbrechen eines Würfels in zwei Teile bedeutete sowohl einen Vertragsabschluß als auch die Erneuerung einer Freundschaft, während es im christlichen Glauben die Passion Christi versinnbildlicht. In Indien haben geometrische Formen kosmische Bedeutung. Der Würfel stellt demnach die Erde dar. Der westliche Geist sieht im Würfel das Sinnbild der Materie, und da immer nur drei Seiten zu sehen sind, auch das der Dreieinigkeit...

Im Zusammenhang mit den Zahlen wurde bereits erwähnt, daß die Anzahl der Punkte zweier gegenüberliegender Seiten stets die Zahl sieben ergibt: 1 + 6, 2 + 5, 3 + 4. Multipliziert man jedoch diese drei Siebener und zählt die Gesamtzahl der Punkte sowie einen Punkt für den Würfel selbst hinzu, so erhält man die Summe 365, die Anzahl der Tage eines Jahres. Die zwölf Kanten des Würfels stehen für die zwölf Monate, die vier seitlichen Flächen entsprechen den vier Jahreszeiten sowie den vier Himmelsrichtungen.

3.

Die Symbole des roten Würfels

Der rote Würfel – Der Sechser – Die Fledermaus

»Denn die schwarze Fledermaus, die Nacht, kam geflogen.« Diese Zeile aus *»Maud«* von Alfred Lord Tennyson zeigt deutlich eine Betrachtungsweise dieses Lebewesens – als etwas Schwarzes, Dämonisches, ein Lebewesen der Nacht und Dunkelheit, ein flüchtiges und verträgliches Geschöpf. Im europäischen Mittelalter wurde die Fledermaus mit Tod und Hexenkraft verbunden, und man glaubte, sie flöge deshalb mit dem Kopf nach unten, weil ihr Gehirn so schwer sei. Ebenso glaubte man, daß ihre Flügel ein Zeichen der Hölle seien.

In China hingegen brachte man die Fledermaus mit Glück und langem Leben in Verbindung, da man annahm, sie lebe tausend Jahre. Man trug Fledermaustalismane, um sich ein

langes Leben zu erwirken. Als Symbol für Glück, Gesundheit, langes Leben, Wohlstand und Frieden – »dem, was sich alle Menschen wünschen« – hatten sie oft die Form von fünf miteinander verbundenen Fledermäusen. Gelegentlich wurden auch nur zwei Fledermäuse dargestellt, um gute Wünsche zu symbolisieren. Dieser aus zwei Fledermäusen bestehende Talisman war ein beliebtes Geschenk unter Freunden. Für die Japaner symbolisierte er Glück und Wohlstand und wurde Komori genannt.
Zwischen der Fledermaus und dem Gehängten des Tarot besteht eine feine Verbindung, da sie beide Symbole der Umkehrung sind – beide werden mit dem Kopf nach unten dargestellt. Die Fledermaus ist das Symbol des Schattens. So wie die Sonne die helle Seite des Geistes verkörpert, so ist die Fledermaus als Schatten das negative »Double« des Körpers – das Abbild seiner schlechten und niedrigen Seite. Primitive Völker betrachteten den Schatten als Seele oder »zweites Ich« – ein Glaube, der in der Literatur und den Volkssagen einiger entwickelter Kulturen wiederaufgenommen wird. Jung verwendete den Begriff »Schatten«, um die primitive, instinktive Seite des Menschen zu benennen.
Im finnisch-ugrischen Sprachraum glaubte man, die Fledermaus sei eine der Gestalten, die die Seele während des Schlafs annehmen könne. Deshalb sei sie auch während des Tages, zur Wachzeit des Menschen, uns sichtbar. In Böhmen glaubte man, sich unsichtbar machen zu können, wenn man das rechte Auge einer Fledermaus trüge.

Schlüsselwörter:
ein vorbeigleitender Schatten, der Gut und Böse, Warnungen, Alarmsignale, Omen, Vorhersagen und Prophezeiungen in sich bergen kann.

Zusätzliche Bedeutungen:
Vorbeigleiten – zeitlicher Ablauf, Frage von Zeit, Lauf der Zeit, Gang der Zeit, Dauer, Fortschritt, Fluß, laufen, rollen, vorrücken, ablaufen, enden, vorübergehen, verstrei-

chen, die Zeit genießen, zur rechten Zeit, Zeitfülle, mit der Zeit, Annäherung, im Vorbeigehen.

Schatten – Traum, Geist, Illusion, Rauchschwaden, Deckmantel, Weste, Schleier, Bedeckung, Dämmerung, Wolke, Nebel, Dunst, Glasur, dunkel, verschwommen, undeutlich, ununterscheidbar, verworren, verborgen, undeutlich sichtbar werden, bedecken.

Verbergen – verbergen, verstecken, verkleiden, Rauchschwaden, mystifizieren, verheimlichen, undurchschaubar, maskiert, für sich behalten, verschließen, einschließen, bedecken, übertönen, unterdrücken, glätten, zurückhalten, vorbehalten, hindern.

Gut – heimlicher Segen, Wendung zum Besseren, zum eigenen Vorteil, Glück, günstig, glücklich, wohltätig.

Böse – Bösartigkeit, schlechtes Spiel, auf anderer Kosten, Schädlichkeit, Kummer, Schaden, schädlich, Unruhe, Unruhe stiften.

Alarmsignal – Warnung, Warnglocke, wachsam, Omen, Vorhersage, Prophezeiung, vorgewarnt, erregt, erschreckt, stutzen.

Der rote Würfel – Der Fünfer – Der Käfer

Der Käfer, und vor allem der ägyptische Skarabäus, ist einer der bekanntesten magischen Zauber. Dies kommt wahrscheinlich von seiner symbolischen Verwandtschaft mit der Sonne. Die Ägypter betrachteten diesen Käfer, der ein Mistkügelchen mit seinen Eiern über den Erdboden rollt, als ein irdisches Ebenbild der Sonne, jenes großen Lichtballs, der scheinbar am Himmel rollt. Er symbolisiert ebenso die Hoffnung auf ein Leben nach dem Tode.

Ebenso wie die Krabbe hat der ägyptische Skarabäus die Aufgabe, das Vergängliche zu verschlingen – das unbeständige Element in der Alchemie – und zur seelischen und körperlichen Regeneration beizutragen. Es ist interessant fest-

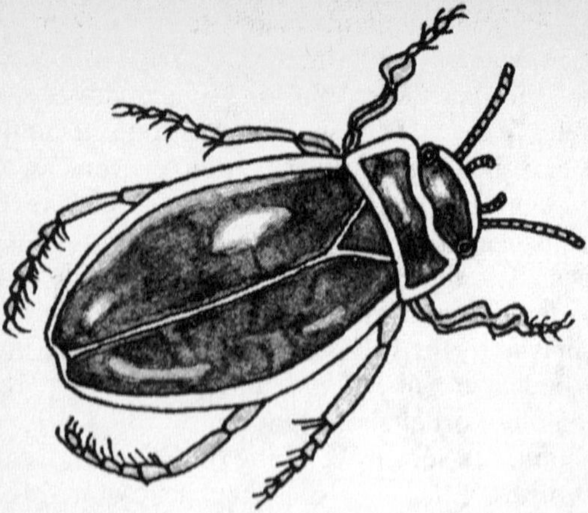

zuhalten, daß der Name Skarabäus der Ursprung der englischen Wörter *crab* (Krabbe) und *scar* (Narbe) ist. Der Käfer ist ein lebendiger Bestandteil der südamerikanischen Indianerlegenden. Die Indianer glaubten, daß dieses Tier die Welt erschaffen und von den übriggebliebenen Erdkrümeln Mann und Frau geformt habe. Die Hebräer glaubten wie die alten Ägypter, daß der Käfer etwas erzeuge, wenn er rückwärts gen Westen, in Richtung Dunkelheit krabbelte. So wurde er zum Symbol der Dunkelheit, Unklarheit und des Schattens.

Schlüsselwörter:
Hartnäckigkeit, Bestimmtheit, Redlichkeit, Strebsamkeit, Ehrgeiz, Zielpunkte.

Zusätzliche Bedeutungen:
Hartnäckigkeit – Beharrlichkeit, Ausdauer, Zähigkeit, Hartnäckigkeit, Halsstarrigkeit, Entschiedenheit, Konzentration, Fleiß, Ruhelosigkeit, Ausdauer, Geduld, mehrmalige Versuche, ruhende Macht, ein Prüfer, ein ausdauernder Mensch, an etwas festhalten, »nein« ist keine Antwort, niemals verzweifeln, nimm dir, was du

brauchst, immer wieder etwas versuchen, weitermachen, arbeiten bis zum Umfallen.

Bestimmtheit – an einer Absicht festhalten, Antriebskraft, unbeugsamer Wille, etwas beabsichtigen, ernsthaft, einer Sache zugeneigt sein, sich einer Sache widmen, den entscheidenden Schritt tun.

Ehrgeiz – entschieden, speziell, benannt, entschlossen zu, Absicht, Entschluß, einer Sache nachgehen, etwas im Sinn haben, künftige Absicht, Verlangen, letztes Ziel, Zielpunkt, angestrebtes Ziel, Vorhaben, Plan, ein Ziel ansteuern.

Der rote Würfel – Der Vierer – Das Hufeisen

Das Hufeisen ist ein universales Glückssymbol. Aus mehreren Gründen werden ihm glücksbringende Eigenschaften zugeschrieben. Zum einen sind Hufeisen aus Eisen, dem magischen Metall, von dem man annahm, daß es Hexen und böse Geister verjage. Dann hat man jahrhundertelang geglaubt, daß der Schmied, der sie herstellt und mit Feuer und Eisen bearbeitet, außergewöhnliche Kräfte besäße. Außerdem steht das Hufeisen in enger Verbindung mit dem Pferd, das in vielen Kulturen heilig gehalten wird, ein Symbol der Männlichkeit und Fruchtbarkeit darstellt und auf dem Helden und Götter reiten. Schließlich ähnelt das Hufeisen in seiner Form dem zunehmenden Mond, dem Symbol der Isis.
Besonders stark sollte die glücksbringende Kraft des Hufeisens sein, wenn man es auf der Straße fand. Für gewöhnlich nahm man das Hufeisen mit nach Hause und nagelte es über der Eingangstür oder an der Türschwelle fest. Man mußte jedoch aufpassen, daß es richtig aufgehängt wurde. Die beiden Enden mußten nach oben zeigen, damit das Glück nicht hinausfallen konnte. Außerdem glaubte man, daß das Unglück in dem Halbkreis gefangen werde, und da der Teufel

nicht zur Öffnung hinauskäme, müsse er innerhalb des Kreises hin und her rennen. Die besten Hufeisen, die man finden konnte, hatten vier Nägel auf der einen und drei auf der anderen Seite, was zusammen sieben ergibt, eine Zahl, die als außerordentlich glücksbringend betrachtet wurde. Fand ein junges Mädchen ein Hufeisen, so sagte man, daß die Zahl der Nägel die Anzahl der Jahre bis zu ihrer Hochzeit verriete. Im alten Aberglauben sind christliches und heidnisches Gedankengut häufig stark miteinander verwoben. Der folgende Zauberspruch, der beim Festnageln des Hufeisens über der Tür laut gesprochen werden sollte, gibt davon ein Beispiel:

> Vater, Sohn und Heiliger Geist,
> Nagelt den Teufel an diesen Pfosten,
> Dreimal klopfe ich mit dem heiligen Hirtenstab,
> Dreimal poche ich mit ihm an,
> Einmal für Gott,
> Einmal für Wotan,
> Einmal für Loki (vielleicht sogar »luck«, engl. »Glück«).

Anstatt das Hufeisen mit nach Hause zu nehmen, war in Shropshire ein anderes Ritual gebräuchlich:

> Heb das Hufeisen auf, spuck drauf, dann wünsch dir schnell etwas, wirf es über die Schulter und gehe weiter, ohne zurückzuschauen.

Der Türbalken war nicht der einzige Platz, an dem man das glücksbringende Hufeisen festnagelte. In der Nähe von Bergwerken angebrachte Hufeisen waren in England ein häufiger Anblick. Entlang der Küste, vor allem in Suffolk, nagelten die Fischer Hufeisen an die Masten ihrer Schiffe, um sie vor dem Kentern zu schützen. Sogar Admiral Nelson hatte ein solches Hufeisen am Hauptmast seines Schiffes. Auch dem einzelnen Hufnagel wurden magische Eigenschaften zugeschrieben, und die Leute trugen sie in ihren

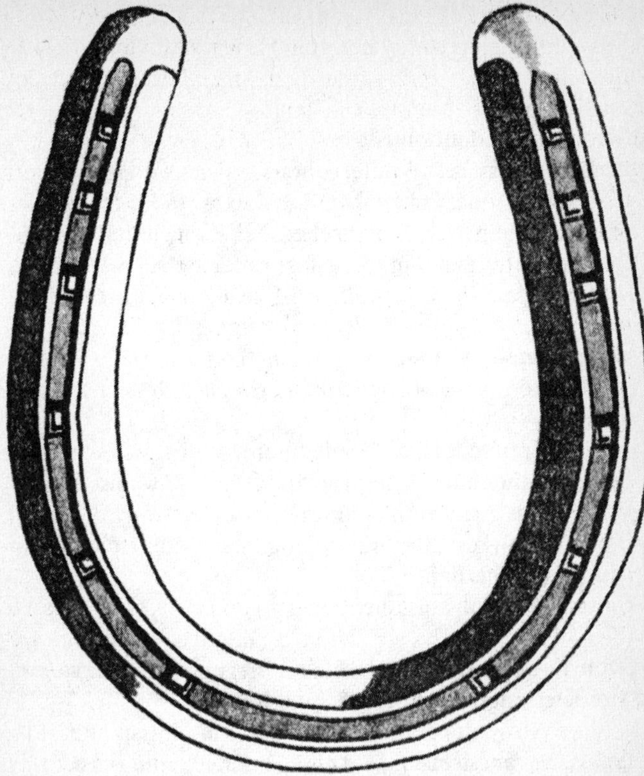

Taschen bei sich, um sich vor Rheumatismus zu schützen. Das einzige Land, in dem das Hufeisen nicht als Glücksbringer angesehen wird, ist China. Dort nimmt man den ganzen Pferdehuf als Glückssymbol.

Im Mittelalter barg die Verbindung von Eschenholz und Hufeisen einen wichtigen medizinischen Zauber. Man vergrub ein Hufeisen in den Wurzeln des Baumes. Manchmal wurde es auch an einen Ast gehängt, damit die Zweige darum herumwachsen konnten. Zweige von solchen Eschen wurden dann kranken Kühen über den Rücken gestrichen, um sie zu heilen.

Schlüsselwörter:
Glück, Fröhlichkeit, Lachen, Glück vor allem im Spiel, erfolgreiche Pläne.

Zusätzliche Bedeutungen:

Glück – Wohlstand, Wohlergehen, Glück und Gesundheit, Erfolg, sei glücklich, Überfluß, Luxus, Gold im Verzug, Glückslachen, Glückwünsche, Ansehen, auf Rosen gebettet, gute Zeit, auf und los, jeder ist seines Glückes Schmied, auf die Füße fallen, Ende gut, alles gut, Glückssträhne.

Fröhlichkeit – Freude, Vergnügen, Unterhaltung, glückliche Zeiten, selig, Fröhlichkeit, Entzücken, sich vergnügen.

Lachen – Freude, Dank, fröhlich sein, feiern, sich wohl fühlen, jemanden anlächeln, gelöst sein, Spaß und Spiel.

Spiel – etwas riskieren, spekulieren, etwas wagen, Zufall, Spekulation, ein Sprung ins Ungewisse, Versuche, Chancen, versuche dein Glück.

Erfolgreich – gut ausgehen, günstiges Ende, gut genutzte Zeit, Durchbruch, erreichen, vollenden, Triumph, Gewinn, effektiv, erfolgreich, Ergebnisse vorweisen, Früchte tragen, den Dreh raus haben.

Pläne – Absichten, Kalkulationen, Zukunftspläne, Projekte, Voraussichten, Vorschläge, Ziele, eine Absicht haben, auf etwas abzielen, nach etwas streben, sich einsetzen, sich selbst etwas versprechen, sich bewerben, von etwas träumen, ein Auge auf etwas haben.

Der rote Würfel – Der Dreier – Das Schiff

Eine weiße Schote und die bewegte See.
Heftig weht der Wind
Und bläht die weißen, rauschenden Segel
Und biegt den stolzen Masten;
Und biegt den stolzen Masten, Männer,
Während das tapfere Schiff davonfliegt
Wie der freie Adler
Und das alte England in Lee zurückläßt.

A. Cunningham

Aufwühlende Zeilen – sie rufen das Bild von Reise und Abenteuer in uns wach. Ein großer Segler auf der Suche nach neuen Ländern und neuen Verbindungen zwischen weit entfernten Völkern. Das Schiff wurde ersetzt durch ein Buch über modernes Würfelspiel, und obwohl ein Teil der Bildlichkeit verlorenging, bleibt die Bedeutung noch dieselbe.
Boot und Schiff sind Synonyme. In der christlichen Symbolik stellt das Schiff die christliche Kirche dar. In der allgemeinsten Bedeutung ist das Schiff ein »Gefährt« und bietet die Möglichkeit zu Reisen und Entdeckungen. Vor den Zeiten der Luftpost kamen Briefe aus Übersee auf dem Seeweg, und das Schiff wurde mit fremden Nachrichten, Botschaften und Mitteilungen verbunden.
Das Schiff wurde oft als Sonnenboot (Leben) beschrieben, das seine Reise über den Ozean macht – ein Symbol für das Unterbewußtsein und die Dunkelheit. Mit dem Totenschiff wird der Körper von einem Leben ins andere befördert. Wird das Leben als ein Boot dargestellt, kann es gesteuert werden, und die tiefste Bedeutung der Schiffahrt finden wir in dem Ausspruch des Pompeius Magnus: »Die Schiffahrt ist notwendig, das Leben nicht.«

Schlüsselwörter:
Reisen, Expeditionen, Gäste, Forschung, Bewegung, Botschaften und Kommunikation.

Zusätzliche Bedeutungen:

Reise – allmählicher Ortswechsel, reisen, Bewegung, weitergehen, Bewegung auf etwas zu, bewegen, seinen Weg machen, sich entfernen, den Ort wechseln.

Weite Reisen – Planung, Ausgaben, Fernweh, Abfahrt, Auswanderung, Reise, Bestimmungsort, Globetrotter, Tourismus, Überfahrt, Trip, Expedition, Lauf, Treck, Geschäftsreise, Irrfahrt, Fortschritt, Exkursion, Wanderlust, Ausflug, besichtigen, herumwandern, Wandervogel, die Welt sehen, erforschen, besichtigen, seinen Weg gehen, umherschweifen.

Suche/Nachforschung – nach etwas streben, Unternehmungen, Jagd, auf der Suche nach etwas sein, jemand nachgeschickt werden, eifrig sein, etwas auf der Spur sein, suchen, nach etwas Ausschau halten, auf etwas sinnen, einer Fährte folgen, Spuren, etwas beabsichtigen, unternehmen, zwingen, Verpflichtungen, Abenteuer, Prüfungen, Fragen, durchsuchen, forschen, Probleme, etwas überstehen.

Bewegung – Motivation, Kommen und Gehen, viel zu tun haben, Arbeitsdruck, die Dinge gehen weiter, Ruhelosigkeit, Energie, Aktivität, Ereignisreichtum, am Ball bleiben.

Botschaft/Kommunikation – Anzeige, Bulletin, Bekanntmachung, Erklärung, Nachrichten, Bericht, Information, gesprochene Worte, Kabel, Telegramm, Brief, Postkarte, Telefon, Signal, Auskunft.

Der rote Würfel – Der Zweier – Der Schädel

Sieh diese Ruine! Einst war sie ein Schädel,
Reich an überirdischem Geist.
Diese enge Zelle war der Wohnsitz des Lebens;
Diese Stelle war der geheimnisvolle Sitz der Gedanken!
Was für wunderbare Bilder füllten diesen Ort,
Welche längst vergessenen Träume vom Glück!
Weder Liebe noch Freude, weder Hoffnung noch Furcht
Haben hier eine Spur oder eine Erinnerung
hinterlassen.

Anna Jane Vardill: An einen Schädel, 1816

Der Schädel ist nicht gerade ein lustiges Symbol und gemahnt den Menschen ständig an seine Sterblichkeit. Der Schädel ist das Sinnbild des Todes, der Vergänglichkeit und Sinnlosigkeit des irdischen Lebens. Wie bei der Schnecke das Haus ist der Schädel der Teil, der übrigbleibt, wenn der Körper für immer verschwunden ist. Aus diesem Grunde gewann er Bedeutung als Gefäß, das Leben und Geist enthält. Leblant beschreibt den Schädel als »die halbkugelförmige Krone des menschlichen Körpers«, als Bild für das Himmelsgewölbe, während Plato im *Timaios* erklärt, daß der »menschliche Kopf das Abbild der Welt sei«.
Früher wurde der Totenschädel bei der Wahrsagerei verwendet. Der Glaube, daß ein Schädel nach dem Tode sprechen könne, hat seinen Ursprung sehr wahrscheinlich in Legenden wie denen von König Arthur, Bran, Mimir und Orpheus. In Shakespeares *Hamlet* finden wir die gleiche Idee. In der nordischen Mythologie existiert die Sage, daß der Himmel aus der Gehirnschale Ymirs, eines vorgeschichtlichen Riesen, gemacht sei.

Schlüsselwörter:
Sterblichkeit, Tod, Wechsel und Veränderung, plötzlicher, unerwarteter Umschlag, neue Situationen.

Zusätzliche Bedeutungen:
Sterblichkeit – Unbeständigkeit, Hinfälligkeit, Zerbrechlichkeit, Kürze, Zeitgebundenheit, vorübergehend, im Augenblick, heute hier, morgen dort.
Tod – Vernichtung, Zerstörung, Abschaffung, das Ende einer Sache, enden, auswischen, verschwinden, nicht mehr, aus und vorbei, keine Spuren hinterlassen, abschaffen, auslöschen.
Veränderung – Abwechslung, Variation, Unterschied, anpassen, austauschen, Verbesserung, geeignet, erneuern, unkenntlich, die Gestalt wechseln, Erscheinungen oder Eigenschaften von etwas, keine Ähnlichkeit mehr haben mit etwas.

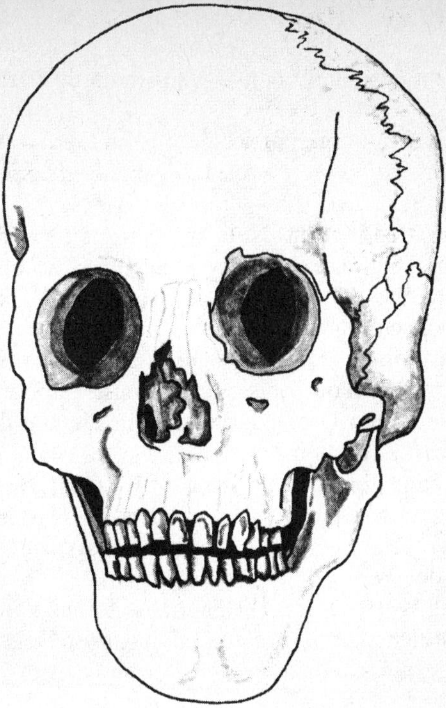

Plötzlich/Unerwartet – unvorbereitet, Überraschung, Schock, aus dem Blauen heraus, die Augen öffnen, Enthüllung, erstaunlich, ungewohnt, unvorhergesehen, unangekündigt, unberechenbar, überrollen, ohne Vorankündigung.

Neue Situationen – nicht abzusehen, modern, neulich, nie gehört, auf der Höhe der Zeit, revolutionär, mit der Zeit gehen, Umstände, Umgebung, Sicht der Dinge, Positionen, Richtungen, Haltungen, Beruf, Station, Lage.

Der rote Würfel – Der Einser – Das Netz

> Das Netz unseres Lebens ist aus buntem Garn gesponnen.
> Einmal gut und einmal schlecht geknüpft.
>
> *Shakespeare: Ende gut, alles gut*

Als Symbol benötigt das Netz keine großen Erklärungen – es stellt das dar, was es ist – eine Falle, eine Illusion und eine Gefahrenquelle für den Unvorsichtigen. Netz und Spinne sind symbolisch stark verbunden – das eine ist die Falle, das andere der Fänger. Die Mayas betrachteten die Spinne als die ewige Weberin der Illusionen. Ebenso glaubten sie, daß der Tod den alten Lebensfaden aufwickelt, um daraus ein neues Leben zu weben.

Das Netz kann nicht nur als Symbol für Leben, Bestimmung und Schicksal gesehen werden, sondern ebenso als eine Spirale, die auf einen zentralen Punkt hin ausgerichtet ist – das Zentrum der Welt.

Die letzten Worte zu diesem Thema stammen von Scott. In seinem Gedicht *Marmion* faßt er den ganzen Begriff in zwei Zeilen zusammen:

> O welch wirres Netz nur weben wir,
> Wenn wir beginnen zu betrügen.

Schlüsselwörter:
Verstrickung, Wirrwarr, Verwirrung, Illusion, Fallen, Fallgrube.

Zusätzliche Bedeutungen:

Verstrickung – verwirrt, kompliziert, in etwas hineingezogen werden, wirr, Täuschung, Arglist, Trick, Vorwand, Unaufrichtigkeit.

Illusion – falsche Vorstellung, Täuschung, Verwirrung, Taschenspielertrick, der Schein trügt, Unaufrichtigkeit, Trick, schlau, Betrug, Vorteil ziehen aus, Scheuklappen aufhaben.

Falle/Fallgrube – eine Falle aufstellen, verwirrt werden, Netz, fangen, auflauern, anlocken, in Versuchung führen, auf der Lauer liegen, Gefahrenquelle, Falltür, auf dünnem Eis, Pulverfaß, Hornissennest, Schlange im Gras.

4.

Die Symbole des weißen Würfels

Der weiße Würfel – Der Sechser – Die Wegkreuzung

»Schmutzige Arbeit an der Wegkreuzung« lautet eine bekannte englische Redensart, die falsches Spiel und ungesetzliche Handlungen heraufbeschwört. Diese Verbindung stammt wahrscheinlich daher, daß man früher Mörder und Selbstmörder (die von den Sakramenten ausgeschlossen waren) an Wegkreuzungen beerdigt hat. Mörder wurden manchmal auch dort gehängt. Die Teutonen benutzten solche Orte als Opferstätten, und durch diese Verbindung wurden sie auch Hinrichtungsstätten. Während des Mittelalters waren Wegkreuzungen ein Treffpunkt für Hexen und Dämonen.
Dieser Punkt, an dem die Straßen aufeinandertreffen, ist das Symbol für die Wahl der einzuschlagenden Richtung, eine Gelegenheit, die Richtung zu wechseln, und ganz einfach ein Treffpunkt.

Schlüsselwörter:
verborgene Überraschungen, Fremde, Außenseiter, Entscheidungen, Streitgegenstand mit Einfluß auf Heim und Familie.

Zusätzliche Bedeutungen:
Verborgene Überraschungen – verbergen, Verkleidung, uneinsichtig, maskiert, zurückhalten, Versteck, hindern, unerwartet, unvorbereitet, plötzlich, Schreck, aus dem Blauen heraus, Offenbarung, erstaunlich, unüblich, unvorhergesehen, unangekündigt, unwahrscheinlich, mangelnde Aufmerksamkeit.

Fremde/Außenseiter – Eindringling, Einbrecher, Fremder, Außenstehender, unbekannt, Nichtmitglied.

Streitgegenstand – schaffen, resultieren, ausbrüten, aufrühren, bilden, formen, Streitigkeiten, Auseinandersetzungen, Konflikte, Unruhen, Argumente, Unruhe stiften, auseinandergehen, dagegenhalten, Anlaß für Mißverständnisse, Eifersucht, Zwistigkeiten, Widerspruch.

Einfluß – Neid, Vorurteil, Einfluß, Druck, Ursache, dominieren, herbeiführen, überreden, überzeugen, Farbe, anstecken, Druck auf jemand ausüben.

Entscheidungen – an einen Punkt gelangen, Umschlagpunkt, Augenblick, Gelegenheit, Brennpunkt, sich eine Meinung bilden, schätzen, kalkulieren, auflisten.

Der weiße Würfel – Der Fünfer – Die Katze

Katzen – glatt, grausam und verstohlen – sind Symbole für Geheimnis und okkulte Mächte. Im Mittelalter hatte jede Hexe, die etwas auf sich hielt, ihre eigene Katze, und mancher unschuldige Dorfbewohner war aufgrund eines Verdachts der Hexerei zum Tode verurteilt worden, nur weil er eine Katze besaß. In der klassischen Sage nimmt eine der Priesterinnen der Hekate, der Königin der Hexerei, oft die Gestalt einer Katze an. Für die Römer war die Katze ein

Symbol der Freiheit und Unabhängigkeit, da ihr jede Einschränkung zuwider ist. Im Aberglauben und Volksmund ist die Farbe der Katze häufig von großer Bedeutung – außer in Amerika, wo eine Katze, gleichgültig welcher Farbe, die gerade ihre Ohren putzt, eine Flutwarnung bedeutet. Schwarze Katzen wurden lange Zeit mit Teufeln und Hexenzauber in Verbindung gebracht, aber während des Hexenprozesses von Chelmsford, im Jahre 1566, wurde eine weißgefleckte Katze namens Sathan vieler ruchloser Taten bis hin zum Mord beschuldigt. Manchmal wurden schwarze Katzen auch als Glücksbringer angesehen. Die Chinesen meiden sie jedoch als Krankheitsboten. Auf der britischen Kanalinsel Guernsey erwartete man einen Fremden, wenn eine schwarze Katze am Fenster vorbeistrich, und eine Katze mit doppelten Krallen bedeutete doppeltes Glück und mußte mit besonderer Sorgfalt behandelt werden. Conway behauptet in seinem Buch *Dämonologie und Teufelskunde,* daß eine dreifarbige Katze das Haus, in dem sie lebt, vor Feuer schütze. Weiter schreibt er, daß eine schwarze Katze die Gärten schütze und fähig sei, Epilepsie zu heilen.

Schlüsselwörter:
Haus, Ehe, Familienkreis, Kinder, Verwandtschaft.

Zusätzliche Bedeutungen:
Haus – Wohnung, Wohnort, Residenz, Domizil, ein Dach über dem Kopf, Lager, Hausstand, Geburtsort, Heimat, Gut, Ziegelsteine und Mörtel, Allee, Schlafstätte.
Ehe – Ehestand, Eheglück, Mutterschaft, Heirat, Mann und Frau, Gatte, Partner, Ehemann, Ehefrau, Herr und Meister, die bessere Hälfte, Paar, verbunden, Ehepaar, auf Gedeih und Verderb.
Familienkreis – Verwandtschaft, verwandt, Abkömmlinge, Vorfahren, Sprößling, Fleisch und Blut, Zwilling, Bruder, Schwester, Kusine, Tante, Onkel, Brut, Geschlecht, Linie, Stamm, Klan.

Der weiße Würfel – Der Vierer – Das Messer

Komm, dunkle Nacht,
Und hülle dich in den finstersten Rauch der Hölle,
Damit mein Messer nicht die Wunde sieht, die es schlägt;
Kein Himmel schaue durch das Dach der Dunkelheit
Und rufe »halt ein, halt ein«!.

Shakespeare: Macbeth

Im allgemeinen werden Messer nicht als Glücksbringer angesehen, sondern vielmehr als Mordwerkzeuge. Da sie scharf sind und einem ernste Schnitte oder sogar schwere Wunden zufügen können, sollten sie niemals verschenkt werden. Sie können Freundschaften entzweien. Wenn man zu Ostern ein Messer verschenkt, so bringt es doppeltes Unglück.

Fällt ein Messer zu Boden, so ist das ein sicheres Zeichen, daß ein Besucher kommt. Wenn sich zwei Messer überkreuzen, muß man sich auf Streitigkeiten und Auseinandersetzungen gefaßt machen.

Im Mittelalter waren Messer hochgeschätzte Geschenke. Das Messer war ein beliebtes Geschenk des Bräutigams an seine Braut. Sie trug das Messer während der Hochzeitszeremonie, wie heute die Bräute ihren Brautstrauß. Man glaubte, das Messer schneide die Liebe des Bräutigams entzwei, wenn sie nicht echt sei, bleibe aber ohne Kraft, solange er ihr aufrichtig zugetan sei.

An der Ostküste Englands geht die Sage, daß ein Messer, das in einer Wiege gefunden wird, dem Kind Glück bringe. Dieser Glaube rührt wohl von einem dänischen Brauch her, nach dem man ein Säckchen mit Rosmarin, Salz, Brot und einem Messer über die Wiege hing, um das Kind willkommen zu heißen.

Messer galten lange Zeit als Vorboten eines blutigen Todes, von Verrat und Gewalt. Sie sind ein christliches Symbol des Märtyrertums und bei den Buddhisten ein Dolch der Dämonen.

Schlüsselwörter:
Spannung, Streit, Gefahr aus Voreiligkeit, Verrat, Täuschung, Komplott, Intrige.

Zusätzliche Bedeutungen:
Spannung – Sorge, Anstrengung, Ruhelosigkeit, Streß, angespannt, gegeneinander gerichtete Kräfte, unterdrückte Anspannungen kurz vor dem Ausbruch.
Streit – Disharmonie, Spaltung, Reibungspunkte, Streit, Blutrache, Widerstreit, Wortwechsel, Bruchstelle, Bereich von Unstimmigkeiten, sich in den Haaren liegen, ausfallend werden, Streit suchen, Provokationen, Zank.
Gefahr aus Voreiligkeit – Gefahr, Verletzlichkeit, sich bloßstellen, ein Risiko eingehen, drohen, unter Beschuß geraten, zufällig, verderblich, unsicher, schlüpfrig, eile mit Weile, unvorbereitet, unorganisiert, plötzliche Falle, übertriebene Eile, übereilt.
Verrat/Täuschung – doppeltes Spiel treiben, zwei Gesichter haben, übler Trick, Untreue, Schikane, untreu, verräterisch, unloyal, unehrenhaft, betrügerisch, doppeldeutig, Tricks, Lügen, trügerischer Schein, ein falsches Spiel betreiben, jemanden fallenlassen oder im Stich lassen.
Komplott/Intrige – verstohlen, unehrenhaft, unaufrichtig, windig, schlau, intrigant, nicht von gestern, klug, listig.

Der weiße Würfel – Der Dreier – Das Herz

O Herr, Du hast uns zu Deiner Lust erschaffen: deshalb finden unsere Herzen keine Ruhe, bis sie in Dir ruhen.
St. Augustinus

Wenn das Herz als Sinnbild verwendet wird, bedeutet es das Zentrum der Erleuchtung und des Glücks. Deshalb wird es oft zusammen mit Flammen, Kreuz, Lilie oder Krone dargestellt. Während des 17. und 18. Jahrhunderts wurden in

Edinburgh besondere Angebinde gefertigt, meist Broschen, Ringe, usw. Normalerweise waren sie aus Silber und wurden zwischen Verliebten ausgetauscht. Sie zeigten ein herzförmiges Emblem und manchmal zwei miteinander verbundene Herzen unter einer Krone.
Chambers schreibt in seinem *Buch der Tage* über einen anderen keltischen Ring, der ebenfalls mit dem Herz in Zusammenhang steht. Die Claddagh-Ringe stammen aus einem Fischerdorf in Galway. Die Menschen dort heirateten selten außerhalb ihres Dorfes und hielten sich stark an alte Bräuche und Überlieferungen. Ihre ungewöhnlichen Hochzeitsringe tragen das Bild von zwei verschlungenen Händen, die ein Herz halten. Diese Ringe wurden Erbstücke und von

der Mutter jeweils an die älteste Tochter weitergegeben. Die Mutter hörte dann auf, den Ring zu tragen, wenn die älteste Tochter heiratete.
Die Ägypter glaubten, das Herz sei der Sitz der Seele. Das Herz war der einzige Teil der Eingeweide, der in der Mumie gelassen wurde, da es als die Lebensmitte unentbehrlich für den Körper in der Ewigkeit sein sollte. Sie glaubten, daß es am Tage des Jüngsten Gerichtes gewogen werde, und falls es die Prüfung bestehe, werde seinem Besitzer ewiges Leben und Wohlfahrt zuteil. Ein Kreuz auf einem Herz war ihr Symbol für Güte. Außerdem trugen die Ägypter herzförmige Amulette als Schutz gegen Zauberer, die die Seele aus dem Körper forthexen konnten. In der fernöstlichen Philosophie ist das Herz, zusammen mit der Lotosblume und der Rose, Symbol des verborgenen Zentrums – »verborgen«, da es nur in der Vorstellung existiert. Es zeigt den Zustand, den man durch Vermeidung alles Trennenden erreicht.
Betrachtet man den Körper als vertikale Achse, so ergeben sich drei Brennpunkte – die Sexualorgane, das Herz und das Gehirn. Da das Herz in dieser Linie eine zentrale Stelle innehat, besitzt es auch die Bedeutung der andern beiden Punkte.

Schlüsselwörter:
Liebe, Zuneigung, Freundschaft, Zärtlichkeit, Leidenschaft, Begierde.

Zusätzliche Bedeutungen:
Liebe – Begierde, bereitet Vergnügen, Wunsch, Bedürfnis, Leidenschaft, Zärtlichkeit, Betörung, Parteilichkeit, Faszination, Nähe, sexuelles Verlangen, Lust, Anziehung, Unfähigkeit zu widerstehen, wahre Liebe, Eifersucht, Zuneigung, Gefallen, verliebt, zärtlich, attraktiv, bezaubernd, Flirt, Liebe, jemandem den Hof machen, Liebling, Freund, alte Flamme, jemand liebhaben.
Freundschaft – Freundschaft, Verträglichkeit, Geselligkeit, Familiensinn, Intimität, Freundlichkeit, Wärme, Ge-

fährte, Kamerad, freundschaftlich, loyal, ehrlich, vertrauenswürdig, verträglich, unzertrennlich, mit jemand durch dick und dünn gehen, den Reiz verlieren, mit jemand bekannt werden.

Der weiße Würfel – Der Zweier – Der Storch

> Treue ist wie ein Storch. Wo immer sie auch hinfliegt, sie kommt stets in ihr Nest zurück.
>
> *Lyly: Euphues, 1580*

Der Storch wurde von allen Kulturen stets als ein gutes Omen angesehen. Störche bauen überall in Europa ihr Nest frei auf Hausdächern und Nebengebäuden, und da sie Glücksbringer sind, werden sie nie daran gehindert. In den Niederlanden sagt man, daß ein Haus vor Feuer sicher sei, wenn ein Storch auf dem Dach nistet. In China glaubt man, daß ein Haus, das einen Storch beherbergt, nicht ausgeraubt wird. Den Kindern in Nordeuropa wird erzählt, daß der Storch die Babys bringt und sie durch den Kamin fallen läßt. Diese Geschichte ist ähnlich wie die vom Stachelbeerbusch. Eine Verbindung der beiden Geschichten besteht darin, daß sowohl die Stachelbeere als auch der Storch der Venus geweiht sind. Störche sind ausgezeichnete Reinigungskräfte, da sie alle Arten von Ungeziefer vertilgen. Im Mittelalter, als sanitäre Anlagen noch weitgehend unbekannt waren, verrichteten die Störche lebenswichtige Dienste. In China glaubte man, der Storch verfolge die Ziele der Vorfahren weiter, und für die Juden war er ein Symbol für Größe, Freundlichkeit, Barmherzigkeit und Frömmigkeit.
Der Storch ist ein Wasservogel – ein Fischer –, und aufgrund seiner Freßgewohnheiten wird er symbolisch mit den Wassern der Schöpfung in Verbindung gebracht. Der Storch ist bekannt dafür, daß er Kinder bringt, die er als Embryos beim Fischen aus den fruchtbaren Gewässern der Mutter

Erde zieht. Die einzige nachteilige Sage über den Storch stammt aus der Zeit Chauncers, als er für Ehebruch stand. Der Storch erhielt seinen Namen nach einer schwedischen Legende, derzufolge ein Storch um den gekreuzigten Jesus geflogen sei und »Styrka! Styrka!« (sei stark, sei stark!) gerufen habe.

Schlüsselwörter:
Neuanfang, Ideen, Pläne, Fruchtbarkeit, Erfindungsreichtum, Genialität.

Zusätzliche Bedeutungen:
Neuanfang – ohne Vorgänger, modern, kürzlich, beispiellos, auf der Höhe der Zeit, revolutionär, mit der Zeit gehen, Anfangspunkt, Quelle, Ursprung, anfangen zu existieren, beginnen, sich auf etwas einlassen, den Ball ins Rollen bringen, den entscheidenden Schritt tun.
Ideen – Begriff, Gedanke, Konzept, Theorie, Durchführung, geistiges Bild, Vorstellung, Fantasie, Gedankenflut, Entdeckung, Überlegung, Beobachtung.
Pläne – Pläne, Schema, Vorstellungen, Organisation, Programm, Vorschläge, Strategie, Arbeitsplan, Angriffsplan, ein Problem angehen, Vorhaben, Entschlußkraft.
Fruchtbarkeit – Produktivität, volkswirtschaftlicher Anstieg, Wohlstand, fruchtbringend, Überfluß, üppig, wimmeln, gebären, hervorbringen.
Erfindungsreichtum/Genialität – Kreativität, eigene Arbeit, ursprünglich, echt, Einzigartigkeit, Unabhängigkeit, Eigenes, aus erster Hand, unnachahmlich, durchdacht, Kopfarbeit, Gedankenverbindungen, schlau, Kniff, Winkelzug, pfiffig, scharfsinnig, einen Trick anwenden.

Der weiße Würfel – Der Einser – Die Sonne

> Die Sonne, Zentrum und Herrin des Lichts,
> Grundstein des aus der Welt gebauten Himmelsbogens.
>
> *P. S. Bailey: Festus: (Himmel)*

Die Sonne umranken viele Sagen, Glaube und Aberglaube. Ohne Sonne gäbe es weder Licht noch Leben auf der Erde. Die Sonne wurde der Hauptgegenstand der Verehrung bei vielen primitiven Völkern. Die Ägypter glaubten, Ras goldenes Boot segle über den Himmel, für die Indios Mittelamerikas war die Sonne die letzte Ruhestätte der Toten, und die Eingeborenen glaubten, sie sei aus einem in die Luft geworfenen Emu-Ei entstanden. Die Hebräer sahen in ihr ein Symbol für Jehovas Macht, und im christlichen Glauben ist sie ein Sinnbild der Jungfrau Maria.

In der Astrologie beherrscht die Sonne den Geist, die Vitalität, die Herrschaft, den Lebenswillen und die Macht. Sie beherrscht den Geist, das Tierkreiszeichen des Löwen und den ersten Tag der Woche – den Sonntag. Die Sonne besitzt phallische Attribute aufgrund ihrer schöpferischen Mächte und wird als männliche Kraft gedacht.

Primitive Völker sahen die Sonne als Wanderer auf einer endlosen Wanderung über den Himmel. Ebenso als Lebensspender, da ihre Arme (die Strahlen) hinab zum Menschen reichen und ihm Lebenskraft spenden. Muspelheim hieß in der nordischen Mythologie ein helles und lichtes Land, und man glaubte, daß die Sonne von dort aus in den Himmel gesprüht worden sei.

Die Sonne ist außerdem ein weiteres Würfelsymbol, das in Verbindung zum Tarot steht. Die neunzehnte Karte des Tarottrumpfs ist »die Sonne« und steht für Sieg, Erleuchtung, Gesundheit und Erfolg.

Schlüsselwörter:

Ehrgeiz, Antrieb, kraftvolle Energie, Erfolg, Macht, Leistung.

Zusätzliche Bedeutungen:

Ehrgeiz – Absicht, Kalkulation, Zweck, Bestimmung, Streben, Projekt, Plan, Wunsch, etwas im Kopf haben, etwas beabsichtigen, träumen, trachten, Erwartung, Aussichten, voller Wünsche sein, sich selbst etwas versprechen.

Antrieb/Energie – Stärke, Macht, Kraft, Energie, Funke, Feuer, brennend, glänzend, Enthusiasmus, Leidenschaft, mutig, geistreich, lebhaft, entscheidend.

Erfolg – Ruhm, glückliches Ende, Erfolgsgeschichte, gut genutzte Zeit, Vollendung, Triumph, Sieg, ein Spiel gewinnen, keine Niederlage, Meister, wirkungsvoll, fruchtbar, gewinnbringend, ungeschlagen, das Rennen machen, gut herauskommen, Früchte tragen, über jemand triumphieren, besser werden, Heimvorteil haben, mit wehenden Fahnen.

Macht – Kraft, Kontrolle, Herrschaft, Einfluß, Fähigkeit, Autorität, lenken, Strenge, Macht, höher, mehr als ein Spiel, sich nehmen, was man braucht, Prestige, Führung, Regierung.

Leistung – Gewinn, Vorteil, Lauf, Beförderung, Vorrükken, sein Ziel erreichen, Erfolg haben.

5.

Die Symbole des grünen Würfels

Der grüne Würfel – Der Sechser – Der Obstbaum

Wer die Früchte ernten will, muß auf den Baum steigen.
Thomas Fuller: Gnomologia Nr. 2366.

Das Symbol des Obstbaums wurde in modernen Glücksspielen durch das Pfund- oder Dollarzeichen ersetzt, die Bedeutung bleibt jedoch dieselbe – Geld und alles, was damit verbunden ist, als Lohn für harte Arbeit. Als Symbol war der

Obstbaum früher geläufiger als heute, als Bauern noch eine gute Obsternte als Lohn für ihre Arbeit während des Jahres betrachteten.
Die verschiedenen Kulturen haben dem Obstbaum und seiner Frucht unterschiedliche Bedeutungen beigemessen. In nördlichen Ländern überwiegt der Apfel, im Süden sind Orange, Feige und Weinstock Symbole der Fruchtbarkeit. In der chinesischen Symbolik bedeutet der Obstbaum nicht nur Fruchtbarkeit, sondern ebenso ein langes Leben.
Der Baum selbst steht für Leben, Wachstum und Fruchtbarkeit sowie das Zentrum der Welt. Weil seine Wurzeln sich unterirdisch ausbreiten und seine Zweige in den Himmel ragen, bedeutet er eine Aufwärtsbewegung. Die Frucht steht in Zusammenhang mit dem Ei, dem Samen der Fortpflanzung, dem Geheimnis des Lebens. Der Apfel erscheint im Alten Testament, in der Geschichte von Adam und Eva, als diese von der Schlange durch einen Apfel in Versuchung geführt werden. Der Apfel steht somit in Verbindung mit irdischem Verlangen und der Versuchung. Dieser Gedanke führt uns zurück zum modernen Pfundzeichen – dem Geld, einem der größten irdischen Wünsche.

Schlüsselwörter:
Geld, Besitz, Eigentum, Ansehen, Dinge, für die man arbeitet.

Zusätzliche Bedeutungen:
Geld – Wohlstand, Reichtum, Luxus, Fülle, Überfluß, Solidität, Substanz, Unabhängigkeit, Geldquellen, Kapital, Vermögen, gut betucht sein, flüssig, über Mittel verfügen, zahlungskräftig sein, sich sein Nest bauen, Bargeld, Währungen.
Besitz – Eigentum, Besitzungen, etwas rechtmäßig besitzen, persönlich, bewegliches Eigentum, Habseligkeiten, Habe, Wertsachen.
Eigentum – Besitztum, Vermögen, Nachlaß, Grundbesitz, Besitz, Immobilien, Geburtsrecht, Erbschaft.

Ansehen – Eindrücke, die man hervorruft, Äußerlichkeiten, Show, Wirkung, optischer Eindruck, Schaustellung, Anschein, Oberflächlichkeit, Etikette, Gewohnheit, höflich, Manieren.

Dinge, für die man arbeitet – Wünsche, Ehrgeiz, Bewerbung, Dinge, um die man bittet, Erreichtes, sammeln, ernten.

Der grüne Würfel – Der Fünfer – Der Becher

Der Becher besitzt die gleichen symbolischen Bedeutungen wie der Pokal – Freundschaft, Kameradschaft, Einfühlung, Klugheit und Liebe. Er ist ein Symbol für das menschliche Herz. Wegen seiner Verbindung mit dem heiligen Gral der Artuslegende steht er auch für die Suche nach etwas, ob-

wohl die Autoren des Buches *Das heilige Blut und der heilige Gral* (Michael Beigent, Richard Leigh und Henry Lincoln) behaupten, daß der Gral kein Becher, sondern eine Blutslinie gewesen sei.
Der Becher oder Kelch ist in religiösen Zeremonien weit verbreitet und einer der Hauptbestandteile der christlichen Kommunionfeier. In anderen Lehren wurde er als Behälter für das Blut eines heiligen Königs oder einer Gottheit verwendet.
Die symbolische Verbindung mit dem Herz erstreckt sich bis zum Tarot. So nennt man die Herzfolge, die Leiden bedeutet, »Kelche«.
In der römischen Mythologie verband man den Becher mit Merkur, dem geflügelten Götterboten, der die Seelen in unbekannte Gebiete leitete oder bei Geburten dabei war.

Schlüsselwörter:
Feiern, Essen und Wein, Unterhaltung, Spaß, Gelage, Suche nach dem Unerreichbaren.

Zusätzliche Bedeutungen:
Feiern – Zeremonien, Aufgaben, Gelegenheiten, Anlaß zum Feiern, Fest, Festlichkeiten, Freude, Feuerwerk, Gratulationen, Trinkspruch, Gedenktag, großer Tag, Geburtstag, auffahren, ein Kalb schlachten, jemandem Ehre erweisen, Jubeln.
Essen und Wein – essen, trinken und fröhlich sein, Trinkspruch, sein Glas auf jemand erheben, auf jemandes Gesundheit trinken, essen und trinken, ein Bankett abhalten, Orgie, Fest, verspritzen, es sich gut gehen lassen, Feinschmecker, Epikur.
Unterhaltung – Amüsement, Vergnügen, Interesse, Erbauung, Zerstreuung, Erholung, Freude, Muße, gute Zeit.
Spaß/Gelage – Sport, Amüsement, Versammlung, Partys, Feste, Lustbarkeiten, lustiger Tanz und Sang, Zechgelage, die Nacht durchmachen, fröhlich, Possen.
Suche nach dem Unerreichbaren – Auskunft suchen, Jagd,

Suche, suchen, das Erwartete, nachforschen, fragen, unmöglich, nicht zu erlangen, hoffnungslos, kein Glück, ausgewählt, nicht zur Verfügung, unmöglich.

Der grüne Würfel – Der Vierer – Der Schlüssel

Geheimnis oder Rätsel, die Mittel zur Durchführung einer Aufgabe, Schwelle zum Unbewußten, Zugang zum Wissen – der Schlüssel steht als Symbol für alle diese Aspekte. Einen Schlüssel finden bedeutet den Anfang einer schwierigen Suche, bis daß der Schatz gefunden ist.
Als Symbol ist der Schlüssel möglicherweise sogar noch älter als das Hakenkreuz, eines der frühesten von Menschen ver-

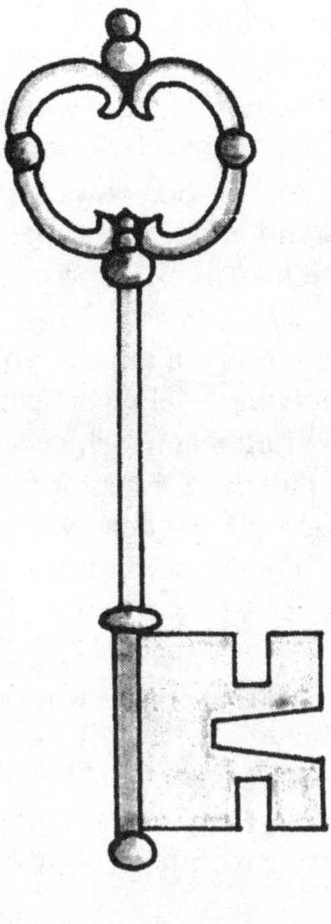

wendeten Symbole. Für die Griechen und Römer war ein einzelner Schlüssel ein Talisman – er stellte den Schlüssel des Lebens dar. Diese als Glücksbringer verwendeten Schlüssel waren aus Silber, dem Metall der Diana. Sie wachte unter dem Namen Jana über die Türschwelle und war mit ihrem männlichen Gegenstück Janus die Hüterin des Hausflurs. Außerdem behütete sie schwangere Frauen und wachte in dieser Eigenschaft über die Schwelle des Lebens.
Die Talismanschlüssel standen wiederum in Verbindung mit dem Schlüssel der Tür, durch welche die Gebete der Gläubigen die Götter erreichten. Sie waren ein Symbol für den Eintritt ins Leben und wurden getragen, »um die Erinnerung an vergangene Dinge wieder zu beleben und um kommende Dinge vorauszusehen«. Ihre Griffe waren bisweilen herzförmig und wurden zum Symbol für Zuneigung. Sie wurden als Liebespfänder verschenkt und dienten dazu, die Herzenstüre auf- oder zuzuschließen.
Die Griechen trugen häufig Silberschlüssel der Hekate, die an Ringen befestigt waren. Hekate war die Göttin der magischen Riten und der Unterwelt. Sie hatte Macht über die Geister der Toten, und ihr Schlüssel verband Lebende und Tote. Zudem bestand eine morphologische Verbindung zum ägyptischen Nem-Ankh-Zeichen, dem Schlüssel zum ewigen Leben, der die Türen zur Unsterblichkeit öffnet.
Die Römer glaubten, daß ein mit der Spitze nach unten neben dem Bett aufgehängter Haustürschlüssel vor Kummer schütze und einen friedlichen Schlaf bringe. Ringe jeder Art, und in diesem Fall der Schlüsselring, waren ein Zauber gegen den Alp, den Geist der Nacht und Übermittler schlechter Träume. Daher stammt das Wort »Alptraum«.

Schlüsselwörter:
Gelegenheit, Türen öffnen oder schließen, Zufälle, Antworten auf Probleme

Zusätzliche Bedeutungen:
Gelegenheit – Glück, Eröffnung, Gewandtheit, freie Hand

haben, günstige Umstände, gute Gelegenheit, Bahn frei, tun, finden, machen, bekommen, ergreifen, geben, leisten.

Türen – Schwelle, Eingang zu etwas, Eingang oder Ausgang, Zugangsmöglichkeiten, Verbindungsmöglichkeit.

Öffnen – Möglichkeit zur Handlung, Durchgang, Einführung, Vorwort, Anfang, Eingang.

Schließen – ausschließen, verbieten, aussperren, verhüten, verwehren, verbannt, abgeschlossen, beendet, verpaßte Gelegenheit, vorbei, nie wieder, zu Ende gehen, zu einem Abschluß bringen, ein für allemal.

Zufälle – Gelegenheiten, Möglichkeit, Spiele, Risiken, zufällig, passieren, wie es gerade kommt, Glück, unvorhergesehene Zwischenfälle, Schicksal.

Antworten auf Probleme – Lösungen, Schlüssel, Lösungsmöglichkeiten, Licht, Erleuchtung, Klärung, Geheimnis, etwas tun, Schwierigkeiten, Sorgen, zur Verzweiflung treiben, Komplikationen, Fragen, es bedarf einer Lösung, schwer zu lösen.

Der grüne Würfel – Der Dreier – Die Leiter

> O weh! Wir bauen
> Eine Leiter aus unsern Gedanken, worauf die Engel gehen,
> Wir selbst aber schlafen am Fuße dieser Leiter:
> Unsre hehren Entschlüsse schauen herab auf unsere schlafenden Taten.
>
> *Landon*

Die Leiter ist ein sehr altes Symbol und stellt den Aufstieg oder die Verbindung zwischen verschiedenen Ebenen dar. Bis ins Viktorianische Zeitalter dachte man sich den Himmel als ein wirkliches Land, und besonders die Ägypter glaubten, man benötige eine Leiter, um in dieses höhere

Land zu gelangen. Viele ägyptische Gräber enthielten leiterförmige Amulette, und eine Zeile aus dem *Buch des Todes* lautet:

> Meine Schritte sind nun in der richtigen Stellung,
> so daß ich die Götter sehen kann.

Diese Amulette wurden getragen, um Horus, den Gott der Leitern, anzuflehen, daß man alle irdischen Dinge hinter sich lassen möge und eine höhere Stufe des Daseins erreiche. Einige der in den Pyramiden entdeckten Gemälde stellen zwei Leitern dar. Die erste diente der Seele dazu, aus der Dunkelheit des Grabes zu steigen, die zweite ermöglichte ihr den Aufstieg zum ewigen Licht.

Die Leiter spielt in vielen religiösen Lehren eine große Rolle. Im Christentum erscheint sie als Jakobsleiter, die mit ihren zweiundsiebzig Sprossen bis in die Wolken reicht. Bettinis *Libro del monte santo di Dio* (Florenz 1477) beschreibt Stufen, die über einen Berg gebaut sind. Jede der elf Sprossen ist nach einer Tugend benannt – Demut, Klugheit, Mäßigung, Stärke, Gerechtigkeit, Ehrfurcht, Mitleid, Wissen, Rat, Verständnis und schließlich Weisheit.

Ein Aberglaube, der sich bis zum heutigen Tag hält, daß es nämlich Unglück bringt, unter einer Leiter durchzugehen, hat seinen Ursprung in fernster Vergangenheit. Man muß einen Bogen um die Leiter machen, damit man die Geister auf ihrem Weg zum Himmel nicht stört und sich nicht ihren Zorn zuzieht.

Ist die Leiter gegen eine Wand gelehnt, so bildet sie ein Dreieck (die Leiter, der Boden und die Mauer), ein früheres Symbol für das Leben. Daher glaubte man, es sei äußerst gefährlich, hindurchzugehen und das magische Dreieck zu zerstören.

Schlüsselwörter:

Ehrgeiz, Enthusiasmus, neue Pläne, Aufstieg oder Abstieg; es ist deine Sache, wie du handelst.

Zusätzliche Bedeutungen:

Ehrgeiz – Absicht, Berechnung, Zweck, Bestimmung, Projekt, Plan, Wunsch, Gegenstand, etwas im Kopf haben, etwas beabsichtigen, von etwas träumen, Bewerbung, Erwartung, Vision, voller Wünsche sein, etwas könnte sein, sich selbst etwas versprechen.

Enthusiasmus – brennender Wunsch, mächtiger Antrieb, Kraft, Macht, Gewalt, Funke, Feuer, Glanz, Leidenschaft, nervös, geistreich, lebhaft, ungeduldig, entschieden.

Neue Pläne – nicht vorhersehbar, modern, neu, unerhört, auf dem neuesten Stand, revolutionär, mit der Zeit gehen, Pläne, Konzepte, Absichten, Berechnungen, Ziel, Vorschläge, Gegenstände, Dinge, die getan werden müssen, abzielen.

Aufstieg oder Abstieg – Lauf, Strecke, Methode, ein Weg, der eingeschlagen werden muß, Mittel, Kräfte für etwas, den Weg vorzeichnen, Aufschwung, Lage, Stufe, Summe, Wert, in aufsteigender/absteigender Linie, Ebene, Zustand.

Es ist deine Sache – deine Wahl, was du daraus machst, niemand kann dir etwas abnehmen, es ist unter deiner Kontrolle.

Der grüne Würfel – Der Zweier – Der Blitz

> Es kommt so schnell, so unerwartet und so plötzlich;
> Grad wie der Blitz, der erst dann da ist,
> Wenn du sagst »es blitzt«.
>
> *Shakespeare: Romeo und Julia (II. Akt, 2. Szene)*

Der Blitz war und ist immer noch ein furchteinflößender und erschreckender Anblick. Er versetzte die primitiven Menschen in Angst, und viele Märchen und Formen des Aberglaubens haben sich um ihn gewoben. Die Buddhisten dach-

ten, daß der Lichtgott Blitze schleudere, um den Himmel zu erhellen, damit der Donnergott genau zielen könne, um die Gottlosen zu töten. Die Chinesen verehrten ihn als Zunge des Drachen oder als Himmelsfeuer, und im Shiwaismus wurde er in Verbindung gesehen mit dem Blick aus Shiwas drittem Auge, dem Zerstörer alles Materiellen. Dieser Blitz gehörte sowohl in den Bereich der Dämmerung als auch der Erleuchtung. Die Redewendungen »es traf mich wie ein Blitz« oder »ein plötzlicher Gedankenblitz« verdeutlichen diesen Aspekt – den der Erhellung und den des Wahrheitsschimmers.

Aus negativer Sicht bedeutet der Blitz Gefahr, zerstörerische Mächte – sowohl schrecklicher als auch dynamischer Natur –, Rache, und man glaubte sogar, er bringe den Wahnsinn. Der vom Blitz getroffene Turm, eine der geheimnisvollsten Karten des Tarot, verkörpert diese Vorstellungen. Sie spielt auf das allzugroße Vertrauen (eine zerstörerische Kraft) oder die Sünde des Hochmuts an, auf Größenwahn und die rücksichtslose Durchführung verrückter Ideen.

Der römische Gott Jupiter stand sowohl mit dem Blitz als auch mit dem Donner in Verbindung. Man weihte ihm die Eiche, von der man glaubte, sie ziehe den Blitz eher an als andere Bäume, und hoffte, daß sie vor seinem Zorn verschont bliebe.
Ein alter Aberglaube lautete, daß die Erde magische, erneuernde Kräfte berge, da sie den Pflanzen das Leben ermögliche. Wenn ein Mensch vom Blitz getroffen war, so grub man ihn bis zum Hals in die Erde ein, um ihn schneller zu heilen.
Die Hindus trugen häufig einen Talisman, den man beschreiben kann als zwei von Schnüren umwickelte Pfeilspitzen; ein Bild des Donners Indras, ihres Wettergottes. Man trug ihn, um sich Glück zu sichern und den Einfluß von Dämonen abzuwehren.

Schlüsselwörter:
Geschwindigkeit, Eile, schnelle Tat, Gedankenlosigkeit, unerwarteter Ärger, eine Sache falsch verstehen.

Zusätzliche Bedeutungen:
Geschwindigkeit – Schnelligkeit, Eile, wie ein geölter Blitz, rasen, toben, eilen.
Eile – sich schnell bewegen, doppelt so schnell, eilen, keine Zeit verlieren, halsbrecherische Geschwindigkeit, unfähig zu warten, gegen die Zeit arbeiten, hasten, keine Minute vergeuden, keinen Aufschub vertragen.
Gedankenlosigkeit – gedankenlos, unaufmerksam, unklug, unüberlegt, kopflos, ohne nachzudenken, unbedacht, sorglos, blind, schnell, dumm, falsch.
Unerwarteter Ärger – Überraschung, Schock, Erstaunen, ungewohnt, unvorhergesehen, nicht verabredet, überrascht, Abneigung, Mißfallen, schlechte Laune, peinlich berührt sein, Zorn, Verwirrung, Abscheu, Mißstimmung, nicht erfreut, wütend, kurze Geduld.
Eine Sache falsch verstehen – Mißverständnis, falsche Interpretation, fehlgehen, Schnitzer, nicht richtig erklärt, nicht im Bilde sein.

Der grüne Würfel – Der Einser – Die Schnecke

Ich sehe die Menschen wie Schnecken
In Reihen durch die Straßen kriechen;
Und jeder trägt auf seinen Schultern
Die gewundene Schale seiner kleinen Sorgen –
Die Spirale seiner eigenen Probleme.
Eleanor Hammond: An einer Straßenecke

Die Schnecke ruft in uns sofort das Bild einer langsamen und schwerfälligen Kreatur hervor, die mit ihrem »Haus« auf den Schultern über den Boden kriecht. Für viele ist die Schnecke ein abstoßender Anblick, aber die Menschheit kann eine wichtige Lektion von der Schnecke und ihrem gemächlichen Gang lernen. Bei der Hochgeschwindigkeit des 20. Jahrhunderts ist Muße eine wichtige Sache und sicherlich etwas, wovon die Schnecke eine Menge besitzt.
Wegen ihrer Fähigkeit, sich in ihrem Haus zu verstecken, sobald Gefahr droht, wurde die Schnecke mit Geborgenheit in Verbindung gebracht. Übertragen könnte man sagen, die Schnecke hat eine private Zufluchtsstätte, wo sie ganz für sich alleine ist und von wo aus sie eine Situation erst über-

blicken kann, bevor sie sich in sie hineinbegibt. Und noch eine andere Lektion, von der wir profitieren können – jeder Mensch braucht einen Platz, an dem er ungestört nachdenken, meditieren oder seine Probleme überlegen kann.
Eine Schnecke hinterläßt immer, egal wo sie hingeht, eine Schleimspur. Sie hinterläßt ihre Spur, und man wird sich an sie erinnern.
Die Kelten nannten diese Spur das Licht der Lug. Lug war die keltische Göttin des Lichts, des Himmels und der Sonne, und die Lugkette war der keltische Name für Milchstraße. Die Kelten verglichen sie mit den Spuren der Schnecke auf dem Erdboden.

Schlüsselwörter:
Gesundheit, verlangsamen, Vorsicht, denken, auf der Hut sein, keine überstürzten Entscheidungen treffen.

Zusätzliche Bedeutungen:
Gesundheit – Gesund an Leib und Seele, gute Verfassung, Gesundheit und Kraft, Fitness, Ausdauer, Wohlgefühl, auf sich achten.
Verlangsamen – bremsen, Geschwindigkeit drosseln, Dinge leichter nehmen, eile nicht so viel herum, sich zügeln, sich mäßigen, sich mehr Zeit für Dinge nehmen.
Sorge – Achtung fürs Detail, ein Auge auf etwas haben, wachsam sein, übergenau sein, auf Zehenspitzen gehen, wachen Auges etwas tun, aufpassen; paß auf, was du machst; schau, bevor du springst.
Denken – benütze deinen Verstand, halte deine Gedanken zusammen, denken, meditieren, betrachten, studieren, verdauen, prüfen, sich konzentrieren, Dinge zuerst überprüfen.
Auf der Hut sein – wachsam, Ausschau halten, Überwachung, vorsichtig, fertig, vorbereitet, aufmerksam.
Keine überstürzten Entscheidungen treffen – mit unangebrachter Eile, ohne zu überlegen, Augenblicksantrieb, unüberlegt, Ergebnis, auf einem Plan beruhen, Strategie.

6.

Wie man würfelt

Drei gewöhnliche Würfel, jeder von einer anderen Farbe, und eine ebene Fläche sind alles, was man für dieses Weissagewürfelspiel benötigt. Die drei Farben ermöglichen eine Identifikation der Würfel und beziehen die drei Zahlensätze – die Augen – auf achtzehn verschiedene Symbole. Die Farben der Würfel und die mit jeder Seite verbundenen Symbole werden folgendermaßen einander zugeordnet:

Erster Würfel – Rot (stellt die Hunderter dar)
Sechs – Fledermaus
Fünf – Käfer
Vier – Hufeisen
Drei – Schiff
Zwei – Schädel
Eins – Nctz

Zweiter Würfel – Weiß (stellt die Zehner dar)
Sechs – Wegkreuzung
Fünf – Katze
Vier – Messer
Drei – Herz
Zwei – Storch
Eins – Sonne

Dritter Würfel – Grün (stellt die Einer dar)
Sechs – Obstbaum
Fünf – Becher
Vier – Schlüssel
Drei – Leiter
Zwei – Blitz
Eins – Schnecke

Es ist nicht nötig, daß man dieses Farbschema (Rot/Weiß/Grün) übernimmt. Wichtig ist nur, daß man die Farben immer in der gleichen Reihenfolge deutet, wenn man sie einmal festgelegt hat.
Man würfelt auf einer glatten Oberfläche und notiert die Anzahl der Augen auf der Oberseite der Würfel. Das Würfeln wird dann noch zweimal wiederholt, wobei man jedesmal die Anzahl der Augen aufschreibt. Will man nur eine schnelle und oberflächliche Interpretation der Würfe, so schlägt man die einzelnen Bedeutungen auf den letzten Seiten des Buchs nach. Der erste Wurf macht Aussagen über die allgemeine Situation des Befragers. Der zweite bezieht sich auf Geldangelegenheiten und Geschäfte und der dritte auf Liebe und Zuneigung. Für eine genauere Auslegung ist es notwendig, das Kapitel über die Symbole anzuschauen und eigene Interpretationen der Ergebnisse vorzunehmen.
Es gibt noch einen anderen Weg, die drei Würfe zu interpretieren. Zuerst muß man sich jedoch entscheiden, ob man eine allgemeine Auslegung wünscht, eine, die den geschäftlichen und finanziellen Bereich interpretiert, oder eine, die sich mit Herzensangelegenheiten beschäftigt. Zu diesem Zweck würfelt man wiederum dreimal und notiert sich die Anzahl der Augen. Der erste Wurf deckt einen Zeitraum von drei Monaten, der zweite von sechs Monaten und der dritte von einem Jahr ab. Man betrachtet nun jede Zahl unter den Gesichtspunkten der gewählten Auslegung. Um »das Skelett mit Fleisch aufzufüllen«, studiere man nun die Symbole und ihre Bedeutungen.
Man kann den Würfel auch für eine kurzfristige Aussage benützen, zum Beispiel über die nächsten sieben Tage. Dann zählt man einfach die Anzahl der Augen zusammen und läßt die Beziehung zu den symbolischen Bedeutungen ganz außer acht. Das ist eine sehr elementare Methode der Vorhersage, und die Ergebnisse, die man erhält, sind einfach und unkompliziert.
Man wirft die Würfel in einem auf Papier aufgezeichneten Kreis von etwa 18 Zentimeter Durchmesser. Rollt einer der

Würfel aus dem Kreis heraus oder fällt zu Boden, sollte dies folgendermaßen interpretiert werden:
Ein Würfel außerhalb des Kreises – Schwierigkeiten, über den Haufen geworfene Pläne.
Zwei Würfel außerhalb des Kreises – Streitigkeiten.
Drei Würfel außerhalb des Kreises – Glück, ein Wunsch geht in Erfüllung.
Ein Würfel, der auf den Boden fällt – Sorgen in unmittelbarer Zukunft.
Die Augen der Würfel, die im Kreis geblieben sind, müssen zusammengezählt werden. Beträgt die Gesamtsumme weniger als drei, so haben die Würfel nichts zu sagen. Für eine Summe von drei oder mehr wendet man folgendes Interpretationsschema an:
Drei – unerwartete und überraschende Entwicklungen erfolgen in Kürze.
Vier – Unerfreuliches und vielleicht Streit, Mißtöne und Unzufriedenheit.
Fünf – ein Wunsch geht in Erfüllung, gute Nachrichten von einem Fremden oder Hilfe von unerwarteter Seite.
Sechs – Enttäuschung, Geldverlust, allgemeiner Verlust.
Sieben – Probleme, Schwierigkeiten, die überwunden werden müssen, geschäftliche Einbußen.
Acht – eine unüberlegte Handlung kann zu Unruhen, Vorwürfen und Kritik führen.
Neun – eine Anstellung oder Ehe, Versöhnung.
Zehn – weiblich: Geburt in Verbindung mit der Fragerin; männlich: Beförderung, neue Annäherung an ein Problem.
Elf – ein geliebter Mensch wird eine Reise machen, Abschiede.
Zwölf – ein wichtiger Brief, der möglicherweise gute Nachrichten oder eine Botschaft enthält, die zur Lösung eines Problems beiträgt.
Dreizehn – zeitweiliges Unglück; Sorgen, wenn man die Ursache nicht beseitigt.
Vierzehn – ein Freund wird bei der Bewältigung eines Problems helfen.

Fünfzehn – Vorsicht, sowohl bei Worten als auch bei Taten, um Ärger und Probleme zu vermeiden.
Sechzehn – eine ebenso erfreuliche wie gewinnbringende Reise, die im Glück endet.
Siebzehn – Gesinnungswechsel, Erfolg aus einer vor kurzem abgeschlossenen Sache.
Achtzehn – Erfolg, Anerkennung, Glück.

Um weitere Einsichten zu erlangen, kann der Kreis vom Mittelpunkt aus in zwölf gleichgroße Abschnitte eingeteilt werden, von denen jeder wie folgt benannt werden soll:

1. Haus
2. Gesundheit
3. Reichtum
4. Liebe/Glück
5. Reise
6. Karriere
7. Rechtliche Angelegenheiten
8. Freunde
9. Feinde
10. Hoffnungen/Ängste
11. Gegenwart
12. Zukunft

Wieder werden drei Würfel in den Kreis geworfen und jeder danebengefallene extra notiert. Dieses Mal beziehen sich die Zahlen und Bedeutungen auf die Abschnitte, auf denen sie liegen. Die Augen auf jedem Würfel werden folgendermaßen interpretiert:

1. Günstige Zeichen
2. Erfolg hängt davon ab, ob man freundschaftliche Beziehungen aufrecht erhalten kann
3. Triumph
4. Enttäuschung
5. Gute Nachrichten
6. Zweifel

Für eine allgemeine Auslegung werden, wie oben beschrieben, die Augen der drei Würfel zusammengezählt.

7.
Wurfbeispiele

Im letzten Teil dieses Buches werden 648 individuelle Deutungen für 216 unterschiedliche Würfelergebnisse gegeben. Trotz der umfassenden Zahlen können diese Deutungen nur als ungefähre Richtlinien betrachtet werden. In einem gewissen Maß sind sie vergleichbar mit den Horoskopen in populären Zeitungen ... man kann kaum erwarten, daß die Tageskommentare zu Löwe und Widder auf jeden, der unter diesem Zeichen geboren ist, zutreffen. Dasselbe gilt hier. Die Deutungen können nur Annäherungen sein. Das Geheimnis der Vorhersage besteht darin, daß Sie, der Leser, die schlichte Prognose, die durch die Würfel gegeben ist, mit Intuition anreichern. Aus diesem Grund dürfen Sie die hier gegebenen Erklärungen nicht als unumstößliche Ergebnisse betrachten. Sie sollten sie vielmehr in Verbindung mit dem Kapitel über die Symbole lesen und dann mit Ihrem eigenen intuitiven Urteilsvermögen auf die jeweiligen Fragen übertragen.

Um zu illustrieren, wie größere Klarheit und Tiefe aus einem Wurf mit drei Würfeln erreicht werden kann, sollen hier sechs konkrete Fälle erzählt werden. Die Namen der einzelnen Befrager wurden aus verständlichen Gründen geändert. Weitere Einzelheiten entsprechen jedoch den Tatsachen. In jedem der Fälle waren die Ergebnisse der Würfe bemerkenswert genau.

Es wäre eine gute Übung, die Position der einzelnen Würfel aufzuschreiben, Einzelheiten individueller Deutungen und Symbole zusammenzustellen, bevor man die Ergebnisse liest, und erst danach, nachdem man den Hintergrund zu jedem Charakter gelesen hat, die eigene Einschätzung mit der der Autoren zu vergleichen.

Beispiel eins: Janet

Alter: 48
Beruf: Hausfrau.
Janet ist mit einem über zehn Jahre jüngeren Mann verheiratet. Sie hat drei Kinder und lebhaftes Interesse an jeder Form von Okkultismus und Hellseherei und hat bei zahlreichen Gelegenheiten versucht, ihre Arbeit im Radio oder als Buch zu veröffentlichen – bisher mit wenig Erfolg.

Allgemeine Situation – **126 Netz Storch Obstbaum**
Dies könnte eine ziemlich enttäuschende Periode in Janets Leben sein, da die Dinge, die sie erfüllen und auf die sie hinarbeitet, nicht den Erfolg haben, den sie tatsächlich verdienen. Sie spürt, daß Anstrengungen unternommen werden, um sie auszunutzen. Wenn es nicht ihr Geld ist, das man aus ihr herauspressen will, so sind es ihre Ideen oder eine Entdeckung, die sie gemacht hat. Es gibt jedoch auch eine helle Seite und ein neues Arbeitsprogramm, das sie noch nicht ausprobiert hat, aber an das sie selbst schon gedacht hat und das ihr sowohl Geld als auch Anerkennung einbringen wird.

Finanzen/Geschäfte – **136 Netz Herz Obstbaum**
Die geschäftlichen Perspektiven scheinen sich in großem Maße mit dem zu decken, was bereits über die allgemeine Situation gesagt wurde. Tatsächlich sind zwei Drittel der beiden Deutungen genau gleich – der einzige Unterschied ist, daß nun das Herzsymbol die Stelle des Storchs beim ersten Wurf einnimmt. Das Herz zeigt, daß Janet in ihre Arbeit verliebt ist und vollkommen darin aufgeht. Aber wie groß auch immer die Leidenschaft für ihre Arbeit sei und so sehr sie auch versuchen mag, Eindruck zu machen, sie scheint in einer verletzbaren Position zu sein, umgeben von Fallen und Fußangeln. Vielleicht betrügt sie sich sogar selbst und müßte nach einem anderen Weg suchen, um Geld zu verdienen.

Liebe/Zuneigung – **225 Schädel Storch Becher**
Janets Privatleben und ihre häusliche Umgebung scheinen gerade einem plötzlichen und unerwarteten Wandel zu unterliegen. Sie wird sich diesen neuen Situationen anpassen müssen und, wenn notwendig, auch Veränderungen auf sich nehmen. Es ist eine Zeit der Neuanfänge und eines neuen Lebensabschnitts. Es ist eine Zeit, in der sie das Leben mehr feiern und genießen kann, aber sie muß sich auch nach den Gegebenheiten richten, um anderen einen Schritt voraus zu sein. Sie darf während dieser Zeit jedoch nie ihre eigenen Ziele und Pläne aus den Augen verlieren.

Beispiel zwei: Martin

Alter: 29
Beruf: Pressesprecher.
Martin ist glücklich verheiratet, hat eine Tochter, und seine Hobbys und Interessen bewegen sich beinahe ausschließlich um sein Heim. Sein Arbeitsleben ist anstrengend, leidet unter der Politik und fordert oft mehr an Zeit und Einsatz, als er zu geben bereit ist.

Allgemeine Situation – **433 Hufeisen Herz Leiter**
In der nächsten Zeit scheint das Leben leicht und erfreulich für Martin zu sein. Er merkt, daß er Fuß gefaßt hat, und kann es sich leisten, sich ein wenig zu erholen und anzufangen, sein Tun zu genießen. Pläne zur Verbesserung seiner häuslichen Umgebung werden Erfolg haben, und er kann all die harte Arbeit als sinnvoll angelegte Zeit betrachten. Gesellschaft ist sehr wichtig für ihn, und er wird Versammlungen und gesellschaftliche Empfänge aufsuchen. Einige davon kommen für ihn unerwartet und werden ihn sehr unterhalten. So scheint sich eine Feier aus familiären Gründen anzubahnen.
Er wird mehr und mehr in neue und zeitaufwendige Aufga-

ben, die er niemals für möglich gehalten hätte, eingespannt werden. Er wird sich entscheiden müssen, ob es sinnvoll ist, mit Elan weiterzumachen, oder ob es für ihn nicht andere, wichtigere Dinge zu tun gibt.

Finanzen/Geschäfte – **122 Netz Storch Blitz**
Martins Berufsleben sieht sehr kompliziert aus – es gibt so viele andere Spinnen in dem Netz, in dem er arbeitet, und alle haben ihre eigenen Pläne und legen ihre eigenen kleinen Fallen aus, um unachtsame Fliegen zu fangen. Er muß sich anstrengen, um interne Streitigkeiten zu vermeiden – nie Partei ergreifen oder sich auf unsichere Sachen einlassen. Er muß sich besonders vor einer unehrlichen Person in acht nehmen, die versuchen wird, Vorteile aus seiner Gutmütigkeit zu ziehen, und ihm eine Menge Ärger bereiten könnte. Er wird viele neue Ideen haben, die er verfolgen sollte. Er muß jedoch immer sicher sein, daß er auf mögliche Fragen antworten kann. Seine häuslichen Arbeiten muß er gründlich machen und sich selbst genügend Zeit für sie nehmen, um Fehler zu vermeiden. Unüberlegte Handlungen ihrerseits könnten Reibungen hervorrufen.

Liebe/Zuneigung – **342 Schiff Messer Blitz**
Martins Privatleben wird in den nächsten Monaten etwas in den Hintergrund gedrängt werden. Viele Dinge entwickeln sich, und vieles ist zu tun – dafür müssen gemütliche Abende am Kamin geopfert werden. Er wird in kurzer Zeit viele Reisen, mit oder ohne Familie, unternehmen, was zu einer Zerreißprobe führen wird. Reibungspunkte und Uneinigkeiten können auf ein Minimum beschränkt werden, wenn er seiner Frau von seinen Aufgaben und Verpflichtungen erzählt.

Beispiel drei: Sylvia

Alter: 43
Beruf: Geschäftsführerin.
Verheiratet, keine Kinder und völlig auf ihre Karriere ausgerichtet. Vor kurzem hat sie einen neuen Aufgabenbereich in ihrer Arbeit übernommen. Diese neue Aufgabe bedeutet auch ein schnelles Einarbeiten in neue Praktiken.

Allgemeine Situation – **665 Fledermaus Wegkreuzung Becher**
Nun, da sie die Kreuzung ihres Lebensweges erreicht und sich gegen ein familiäres Leben entschieden hat, liegt es an Sylvia, sich soviel Wissen als möglich über ihre neue Umgebung anzueignen. Sie darf sich nicht scheuen, Fragen zu stellen oder Informationen zu suchen, um sich ein vollständiges Bild zu machen. Wenn sie die Anfangsschwierigkeiten überwunden hat, wird sie sehr zufrieden und erfolgreich sein. Gesellschaftliche Aufgaben und Feste sagen sich an – einige Male wird sie in der Rolle der Gastgeberin sein. Trotzdem noch ein Wort der Warnung – sie wird mit jemandem in Kontakt kommen, der für sie eine unbekannte Größe ist. Sie muß diese Person mit Vorsicht behandeln, wenn sie Ärger vermeiden will. Es liegt in der Macht dieser Person, ihr Ärger zu verursachen. Mit der Zeit wird sie Kontrolle über diese Situation bekommen.

Finanzen/Geschäfte – **143 Netz Messer Leiter**
Sie ist ein ehrgeiziger Mensch und fähig, jedes Ziel zu erreichen, sobald sie ihren Verstand auf Erfolg eingestellt hat. Sylvia wird sich mit neuen Plänen und Projekten auseinandersetzen, die ihre Arbeit verändern und aus alten Denkweisen neue Wege eröffnen. Nur der Himmel ist für sie eine Schranke, und sie hat keine Angst, Verantwortung zu übernehmen und Entscheidungen zu treffen.
Sie ist jedoch von Fallen umgeben, in die sie stürzen kann, und es gibt Leute, die nur darauf warten, daß sie einen Feh-

ler macht. Sie muß auf der Hut sein, vor möglichen Unruheherden sowie vor unehrlichen, falschen Leuten. Sie befindet sich in einer verletzlichen Position und muß gut organisiert, gut informiert und sich ihrer Sache sicher sein, bevor sie den Kopf hoch tragen kann. Vor allem darf sie keine übereilten Augenblicksentscheidungen treffen.

Liebe/Zuneigung – **236 Schädel Herz Obstbaum**
Sylvias Privatleben unterliegt großen Schwankungen, die sie nicht erwartet hat und bei denen ihre Gefühle ziemlich auf der Strecke bleiben. Das Leben, das sie mit ihrem Mann kennengelernt hat, wird sich sehr bald ändern, und ihre alten Gewohnheiten und Lebenshaltungen gehören schon zur Vergangenheit. Es wird ein Wechsel zum Besseren sein, und vielleicht erfolgt ein Umzug in eine andere Gegend. Ihre neue Umgebung wird sie sehr beeindrucken, und ein Wunsch wird in Erfüllung gehen. Sie wird näher bei Freunden und Lieben sein.

Beispiel vier: Jeremy

Alter: 51
Beruf: Tanz- und Theatermanager.
Jeremy hat zwei Kinder aus früherer Ehe. Er ist wieder verheiratet, lebt aber nicht mit seinen Kindern zusammen. Er ist ausschließlich mit seinen Arbeiten beschäftigt und sucht neue Entwicklungsmöglichkeiten.

Allgemeine Situation – **552 Käfer Katze Blitz**
Seit einiger Zeit nagt an Jeremy ein persönlicher Ehrgeiz, und er hat sich vorgenommen, ihn eines Tages zu verwirklichen. Jetzt ist die Zeit gekommen, etwas zu tun. Er muß sich auf Erfolg einstellen und darf nicht zulassen, daß Hindernisse ihn ausschalten. Dieses Ziel ist nicht leicht zu erreichen, aber wenn er die nötige Ausdauer und das nötige

Durchsetzungsvermögen aufbringt, wird er Erfolg haben. Eines seiner Kinder, oder ein Verwandter, könnte ihm in den kommenden Monaten einige Probleme bereiten, besonders wenn es etwas Unüberlegtes tut, ohne ihn vorher zu fragen. Seine Verärgerung ist in diesem Fall gerechtfertigt. Möglicherweise wird sich diese Unstimmigkeit wegen oder bei einer Hochzeit oder einem anderen geselligen Anlaß ergeben.

Finanzen/Geschäfte – **432 Hufeisen Herz Blitz**
Jeremys geschäftliche Angelegenheiten scheinen sich auf breiter Ebene zu ändern, und er wird sicherlich teilweise Glück haben. Eine gemeinsame Spekulation mit einer nahestehenden Person, möglicherweise einer Frau, scheint möglich zu sein, selbst wenn sie nur das Geld zur Verfügung stellt und er die gesamte Organisation übernimmt. Obwohl er normalerweise nicht sehr risikofreudig ist, darf er doch eine Gelegenheit nicht auslassen, die sich bald einstellen und als glücksbringend erweisen wird. Vor allem im Spiel wird er Glück haben.
Er sollte sich von seiner Jagd nach dem Erfolg nicht so sehr in Anspruch nehmen lassen, daß er arglos wird – er sollte das Kleingedruckte immer sorgfältig lesen, vor allem wenn er einen Vertrag unterschreibt. Sobald er nicht sicher ist, sollte er Fragen stellen. Er würde sich sehr ärgern, wenn er merken würde, daß er absichtlich in die Irre geführt worden ist.

Liebe/Zuneigung – **521 Käfer Storch Schnecke**
Jeremy und seine Frau müssen Zeit finden, um sich ruhig zusammenzusetzen und ihre Zukunftspläne zu besprechen. Sie sollten sich bewußt machen, was sie beide schon erreicht und welche Ziele sie noch haben. Er darf sich nicht vor neuen Ideen fürchten und muß nach einer neuen Möglichkeit suchen, um ein altes Problem zu lösen – vielleicht wird er sogar umziehen. Sie sollten sich beide vor übereilten Handlungen hüten, aber auch an einem einmal eingeschlagenen Weg festhalten.

Beispiel fünf: Stephen

Alter: 21
Beruf: Student.
Stephen erwartet die Ergebnisse seines Examens, um entscheiden zu können, ob er sein Studium fortsetzt oder nicht. Außerdem muß er wissen, ob er ein Stipendium erhält. Wenn seine Ergebnisse nicht ausreichen, muß er nach Hause zurückkehren und sich eine Arbeit suchen. Er hat keine feste Freundin.

Allgemeine Situation – **121 Netz Storch Schnecke**
Für Stephen ist es momentan sehr schwer, Zukunftspläne zu machen, da sich ihm ein Problem in den Weg gestellt hat, das zuerst gelöst werden muß. Er kann augenblicklich keine Blitzentscheidungen treffen und muß studieren, sich konzentrieren, sich Dinge durch den Kopf gehen lassen, um sicher zu gehen, daß er genau weiß, was er will, und sich gut auf seine Zukunft vorzubereiten.

Finanzen/Geschäfte – **644 Fledermaus Messer Schlüssel**
Gegenwärtig kann sich Stephen nur kurzfristig eine finanzielle Basis schaffen. Ein Schatten hängt über Stephen, und bis er sich verzogen hat, muß seine finanzielle Langzeitplanung zur Seite geschoben werden. Wenn sich dieses Problem zum Guten wendet, wird er weitermachen können, wenn nicht, muß er seine Lage neu überdenken. Nur die Zeit kann Licht in seine Schwierigkeiten bringen.

Liebe/Zuneigung – **243 Schädel Messer Leiter**
Obwohl Stephen sich bewußt ist, daß die Zeit verstreicht, und er auch gerne eine feste Beziehung zu jemandem hätte, scheint er zu zögern und sich seiner Sache nicht sicher zu sein. Er hat Angst, fallengelassen zu werden oder in einer intimen Situation dumm zu erscheinen. Es gibt also andere Probleme und Sorgen in seinem Leben, die zuerst gelöst werden müssen.

Wenn er sein Leben geordnet hat und genau weiß, was er tun und wie er die nächsten fünf Jahre verbringen wird, dann wird plötzlich und unerwartet jemand in sein Leben treten. Diese Schwierigkeit offenbart eine Seite seines Charakters, die jahrelang im dunkeln lag. Er wird an Selbstvertrauen gewinnen und neue Situationen und Herausforderungen mit Leichtigkeit annehmen.

Beispiel sechs: Susan

Alter: 58
Beruf: Hausfrau und Sekretärin.
Susan ist verheiratet und hat erwachsene Kinder. Das Geschäft ihres Mannes befindet sich in Schwierigkeiten, und ihre eigene berufliche Lage ist nicht sehr sicher. Die Familie hängt von ihrem Lohn ab. Sie tut, was sie kann, und kümmert sich um fast alles. Aber trotz der finanziellen Probleme ist ihre Ehe glücklich.

Allgemeine Situation – **351 Schiff Katze Schnecke**
Susan ist Halt und Stütze ihrer Familie, und die familiären Sorgen und Probleme sind auch ihre eigenen. Alle verlassen sich auf sie und hängen zum großen Teil von ihr ab. Sie muß deshalb auf ihre Gesundheit achten und aufpassen, daß Überarbeitung und Streß sie nicht übermannen. Es gibt ein spezielles Problem, das sie beunruhigt, und unglücklicherweise findet sich dazu keine rasche Lösung, obwohl sie ständig nach einem Ausweg sucht. Wenn dies ihren Beruf betrifft, so wäre es besser, sie würde sich etwas anderes suchen. Sie sollte ein wenig herumfragen, telefonieren und schauen, wo sich ihr neue Möglichkeiten eröffnen.
Sie sollte sich kurze Ferien oder ein freies Wochenende gönnen, um auszuspannen und neue Energie zu tanken. Sie könnte für ein paar Tage Verwandte besuchen, denn ein Wechsel würde ihr guttun.

Finanzen/Geschäfte – **231 Schädel Herz Schnecke**
Was Susans Beruf betrifft, so steht er auf wackligen Beinen – vielleicht bietet man ihr eine ähnliche Tätigkeit in einer anderen Abteilung an. Sehr wahrscheinlich würde sie dieses Angebot jedoch nicht annehmen. Deshalb sollte sie damit rechnen, früher als vorhergesehen arbeitslos zu sein. Dies könnte eine verborgene Wunde sein. Ein geliebter Mensch wird ihr helfen, eine neue und bessere Anstellung zu finden, die nicht so zeitaufwendig und ermüdend ist.
Was ihr eigenes Geld betrifft, so wird sie damit vorsichtig umgehen und überflüssige Käufe vermeiden. Ihre Devise in der nahen Zukunft lautet Sparsamkeit und Mäßigung.

Liebe/Zuneigung – **416 Hufeisen Sonne Obstbaum**
Ihr Privatleben, das sie mit ihrem Mann teilt, ist die Quelle großer Freude, da sie beide ihre Gesellschaft genießen. Der einzige Problembereich innerhalb der Ehe ist das Geld. Dieser Tatsache sollten sie besser gemeinsam entgegentreten, als darüber zu reden. Wenn sie und ihr Mann gemeinsam einem Ziel entgegentreten, bilden sie ein hervorragendes Gespann, und sie werden schließlich trotz einiger Rückschläge erfolgreich sein. Dennoch sollten sie Risiken und Spekulationen vermeiden. Ihre Ehe wird sie weiter glücklich und zufrieden machen.

8.
Deutungen

666 – Fledermaus Wegkreuzung Obstbaum

Allgemeine Situation: Unannehmlichkeiten und Probleme, die schon länger in der Luft liegen, nehmen nun ihren Lauf. Eine plötzliche und unerwartete Überraschung wird Ihnen helfen, in einem noch offenen Handlungsverlauf zu einer Entscheidung zu gelangen.

Finanzen/Geschäfte: Bislang standen Ihre geschäftlichen Angelegenheiten unter einem schlechten Stern. Doch nun ist ein Wendepunkt erreicht, und die Gelegenheit, geschäftlich zu expandieren, tritt von außerhalb Ihres gewohnten Bekanntenkreises an Sie heran.

Liebe/Zuneigung: Es könnte zu einigen Auseinandersetzungen zwischen Ihnen und Ihrem Partner kommen, vielleicht wegen neuer Bekanntschaften. Sie sollten Ihre Schwierigkeiten nicht an die Öffentlichkeit tragen – die Schwierigkeiten werden sich mit der Zeit von selber lösen.

665 – Fledermaus Wegkreuzung Becher

Allgemeine Situation: Seien Sie vorsichtig mit neuen Freunden, die Sie auf Partys oder anderen Festen treffen – sie könnten einige Tricks auf Lager haben, um Sie hereinzulegen, wenn Sie nicht vorsichtig sind.

Finanzen/Geschäfte: Beruflich können Sie es sich leisten, etwas langsamer zu treten. Unangenehme Probleme werden bald ausgebügelt sein. Glück und Erfolg liegen in der Luft und damit auch die Gelegenheit, etwas zu verwirklichen, was Sie schon immer wollten.

Liebe/Zuneigung: Machen Sie sich nicht zum Narren wegen einer Person, die Sie neu kennenlernen. Gewarnt sein heißt gewappnet sein.

664 – Fledermaus Wegkreuzung Schlüssel

Allgemeine Situation: Erlauben Sie anderen nicht, eine wichtige Entscheidung, die Sie bald zu treffen haben, zu beeinflussen. Es könnte zu ihrem Vorteil ausfallen, doch könnte jemand, der neidisch auf Sie ist, versuchen, Ihnen einen schlechten Ratschlag zu geben. Sie wissen, wie Sie mit der Situation umgehen müssen. Achten Sie darauf, daß sich eine solche Situation nicht wiederholt.

Finanzen/Geschäfte: Eine gute Gelegenheit meldet sich – wird sie Ihnen Vorteile bringen, oder ruft sie mehr Unruhen hervor, als sie wert ist? Bevor Sie finanzielle Zugeständnisse machen, versichern Sie sich, daß keine versteckten Überraschungen auf Sie warten. Nehmen Sie sich jedoch nicht zu lange Zeit, sonst könnten Sie Ihre Chance verpassen.

Liebe/Zuneigung: Verzweifeln Sie nicht, wenn die Beziehung zwischen Ihnen und Ihrem Partner in der letzten Zeit etwas stürmisch war – das wird vorübergehen. Die Umstände werden sich in Kürze ändern, und ein neues und besseres Verständnis wird sich zwischen Ihnen beiden entwikkeln.

663 – Fledermaus Wegkreuzung Leiter

Allgemeine Situation: Die Gelegenheit, auf die Sie gewartet haben, um Ihren persönlichen Ehrgeiz zu befriedigen, liegt vor Ihnen und wird sich Ihnen bald zeigen. Es könnte ein Wendepunkt in Ihrem Leben sein, und es liegt an Ihnen, das Beste aus dieser Gelegenheit zu machen. Benützen Sie Ihre Ideen und Ihre Energie, um die Sache zu einem guten Ende zu bringen. Haben Sie keine Angst davor, einfallsreiche und revolutionäre Ideen zu entwickeln.

Finanzen/Geschäfte: Die Sonne wird bald wieder über Ihren Geschäften scheinen und einige Überraschungen an den Tag bringen. Eine Entscheidung muß getroffen werden, die Sie einige Stufen höher auf die Erfolgsleiter bringt.

Liebe/Zuneigung: Sie irren sich, wenn Sie glauben, daß eine Freundschaft Ihnen finanzielle Zuwendungen bringt. Versuchen Sie nicht, Geschäft und Vergnügen zu mischen.

662 – Fledermaus Wegkreuzung Blitz

Allgemeine Situation: Machen Sie die Augen auf, bevor Sie springen! Treffen Sie keine wichtigen Entscheidungen ohne vorherige Unterredung mit Ihrer Familie, sonst werden sich einige Mißverständnisse ergeben. Legen Sie alle Karten auf den Tisch, überlegen Sie alles sorgfältig, und setzen Sie jeden ins Bild.

Finanzen/Geschäfte: Was die Finanzen betrifft, so wäre es besser, sorgfältige Berechnungen anzustellen und die Lebensfähigkeit des Systems zu prüfen, bevor Sie sich auf irgendwelche Abmachungen einlassen. Gute Verständigung ist die Voraussetzung, um jedermann gut zu informieren und bei Laune zu halten.

Liebe/Zuneigung: Sagen Sie, was Sie denken – Ihr Partner kann keine Gedanken lesen. Verstecken Sie Ihre Absichten nicht! Die einzige Überraschung, für die Sie sorgen sollten, ist ein kleines, spontan gekauftes Geschenk.

661 – Fledermaus Wegkreuzung Schnecke

Allgemeine Situation: Vielleicht spüren Sie es noch nicht, aber die Lage wird sich bald bessern, wenn Sie nicht versuchen, mehr zu tun, als Sie schaffen können. Treten Sie ein bißchen langsamer, und nehmen Sie sich mehr Zeit zur Erholung. Sie müssen lernen, häufiger Arbeit zu delegieren.

Finanzen/Geschäfte: Treffen Sie in einer geschäftlichen Angelegenheit keine überstürzten Entscheidungen. Ihre Kraftreserven sind nicht sehr groß, und jede zusätzliche Anstrengung könnte Ihnen Ärger bereiten. Schieben Sie Ihre Angelegenheiten ein wenig auf, und warten Sie, bis Ihre finanzielle Situation sich bessert, bevor Sie neue Verpflichtungen eingehen.

Liebe/Zuneigung: Lassen Sie nicht zu, daß Eifersucht die Tatsachen verschleiert. Lassen Sie die Dinge laufen, und vermeiden Sie übers Knie gebrochene Entscheidungen. Es wartet eine Überraschung auf Sie, die Ihnen sicherlich die Augen öffnen wird.

656 – Fledermaus Katze Obstbaum

Allgemeine Situation: Während der vergangenen Monate standen familiäre und finanzielle Angelegenheiten unter schweren Anspannungen. Glücklicherweise hat diese Pechsträhne jetzt ein Ende, und die Dinge können nur noch besser werden. Versuchen Sie, sich nicht unterdrücken zu lassen.

Finanzen/Geschäfte: Das beste, was Sie gegenwärtig tun können, ist, Ihre tägliche Geschäftsplanung zu verfolgen und zu vermeiden, neue Dinge auszuprobieren, bis die finanziellen Bedingungen eine einschneidende Verbesserung aufweisen.

Liebe/Zuneigung: Die Beziehung zu Ihrem Partner scheint von geschäftlichen Sorgen überschattet zu sein. Es handelt sich jedoch nur um eine vorübergehende Phase. Haben Sie versucht, Ihre Probleme jemand mitzuteilen, anstatt sie geheimzuhalten?

655 – Fledermaus Katze Becher

Allgemeine Situation: Es ist nur eine Frage der Zeit, bis die dunklen Tage vorüber sind und Sie und Ihre Familie wieder Grund zum Feiern haben. Machen Sie das Beste aus Ihrem Leben, und finden Sie Zeit für Muße und Erholung. Wie wäre es mit einem Familienurlaub in einem exotischen Land?

Finanzen/Geschäfte: Die Dinge scheinen langsam wieder ins rechte Lot zu rücken, und auf den Kontoauszügen stehen eher schwarze als rote Zahlen. Warum feiern Sie nicht ein wenig und verbringen einen Abend mit Ihren Geschäftskollegen?

Liebe/Zuneigung: Eine Hochzeit oder eine Geburtstagsfeier kündigt sich an, und eine Glückssträhne sorgt für die Sahne zum Kuchen. Kommen Sie zusammen, und vergnügen Sie sich.

654 – Fledermaus Katze Schlüssel

Allgemeine Situation: Ein Glücksfall wird Ihnen und Ihrer Familie die Gelegenheit bieten, auf die Sie alle gewartet haben. Machen Sie das Beste aus dieser Gelegenheit, zumal sie Ihnen aus einer dummen Lage helfen kann.

Finanzen/Geschäfte: Finanzielle Sorgen werden der Vergangenheit angehören, wenn Sie eine sich bald bietende Gelegenheit beim Schopfe packen. Sie wird Ihnen den Weg in ein neues Betätigungsfeld ebnen und ungeahnte Möglichkeiten eröffnen.

Liebe/Zuneigung: Ein zufälliges Treffen kann für ungebundene Leute wesentlich mehr bringen, als vorher abzusehen ist. Seien Sie bereit, die Gelegenheit wahrzunehmen, und halten Sie mit Ihren Gefühlen nicht hinter dem Berg.

653 – Fledermaus Katze Leiter

Allgemeine Situation: Unruhen scheinen nun hinter Ihnen zu liegen, und die Zukunft läßt sich vielversprechend an. Sie haben eine Menge neuer Ideen, Gelegenheiten und Pläne und auch die Energie und den Willen, sie zu verwirklichen. Das Leben ist das, was Sie daraus machen.

Finanzen/Geschäfte: Ereignisse hinter den Kulissen haben die Lage verändert und die Möglichkeit eines Aufschwungs herbeigerufen, wenn Sie die Gelegenheit nur ergreifen. Eine neue Wendung wird die Gelegenheit bieten, auf die Sie schon lange gewartet haben.

Liebe/Zuneigung: Sie und Ihr Partner werden nun in der Lage sein, etwas zu tun, wovon Sie immer schon geträumt haben. Dieser neue Plan wird Sie enger zusammenbringen.

652 – Fledermaus Katze Blitz

Allgemeine Situation: Wenn Sie sich wundern, warum Ihre Familie Ihnen gegenüber in letzter Zeit gereizt reagiert, so vielleicht deshalb, weil etwas, das Sie getan haben, mißverstanden wurde. Nehmen Sie sich Zeit für eine Erklärung, und überstürzen Sie in Zukunft nichts.

Finanzen/Geschäfte: Eine geschäftliche Wende, die Ihre Familie miteinbezieht, bedarf einer sorgfältigen Handlungsweise, wenn Streitigkeiten vermieden werden sollen. Erledigen Sie die Dinge nicht zu schnell, und versichern Sie sich, daß jeder weiß, was von ihm erwartet wird. Vorläufige Unruhen werden sich bald legen.

Liebe/Zuneigung: Gehen Sie nicht gleich auf Ihren Partner los, bevor Sie nicht genau wissen, wovon Sie reden. Sie kennen vielleicht nicht alle Tatsachen und könnten ein wenig dumm erscheinen, wenn Sie zu schnell reagieren.

651 – Fledermaus Katze Schnecke

Allgemeine Situation: Die schlechte Zeit, die Sie gerade durchmachen, wird bald vorüber sein. Sie übt starken Druck auf Ihre Familie aus. Sie müssen die Dinge etwas langsamer angehen und sich mehr Zeit zur Erholung gönnen.

Finanzen/Geschäfte: Dies ist sicher nicht die richtige Zeit, um wichtige Entscheidungen zu treffen. Sie haben andere Sorgen und Probleme, mit denen Sie zuerst fertig werden müssen. Warten Sie, bis Sie Zeit haben, die Angelegenheiten mit Ihrer Familie zu besprechen, und übernehmen Sie für den Augenblick keine zusätzliche Verantwortung.

Liebe/Zuneigung: Versuchen Sie, etwas mehr Zeit für Ihren

Partner zu finden, der sich vielleicht vernachlässigt fühlt. Belasten Sie Ihre Gefühle nicht mit anderen Dingen, die Ihnen im Kopf herumgehen. Versuchen Sie, überzeugender zu wirken.

646 – Fledermaus Messer Obstbaum

Allgemeine Situation: Es könnte eine unerfreuliche Zeit für Sie anbrechen. Ihr Haus und Besitz scheinen bedroht zu sein, und die Spannung, unter der Sie stehen, scheint beträchtlich. Gewissen Freunden ist nicht zu trauen, und überstürzte Aktionen Ihrerseits würden die Lage nur verschlimmern. Ein Wort des Trostes – dies ist nur ein vorübergehender Zustand, und die Lage wird sich in Kürze wieder stabilisieren.

Finanzen/Geschäfte: Tun Sie nichts, entscheiden Sie nichts, trauen Sie niemandem. Scheinbar befinden Sie sich in extrem ungünstigen Umständen, die Ihre finanzielle Lage bedrohen. Versuchen Sie, einen kühlen Kopf zu bewahren und aus dem Unwetter zu gelangen – möglicherweise wird es bald nachlassen.

Liebe/Zuneigung: Haben Sie ein Auge auf das Geld, das Ihr Partner ausgibt, so ersparen Sie sich eine Menge Unannehmlichkeiten. Vielleicht können Sie erfahren, was er unbedingt kaufen will, und kaufen Sie es ihm.

645 – Fledermaus Messer Becher

Allgemeine Situation: Lassen Sie es nicht zu, daß andere Sie dazu bringen, etwas zu tun, was Sie nicht tun wollen. Sie sind keine wirklich guten Freunde, sondern versuchen nur, Sie dumm dastehen zu lassen. Es kann etwas Einfaches sein, etwa daß Ihnen jemand auf einer Party einen schlechten Drink mixt.

Finanzen/Geschäfte: Seien Sie nicht zu sehr darauf versessen, in die Finanzangelegenheiten anderer verwickelt zu werden, selbst wenn man Sie zu einem fürstlichen Essen eingeladen hat und Sie sich nun verpflichtet fühlen, ihren Plänen zuzustimmen.

Liebe/Zuneigung: Ein gemütliches Abendessen bei Kerzenschein wäre ein guter Anlaß, um einen Streit zu vergessen, und gibt Ihnen die Gelegenheit, mit Ihrem Partner Dinge auf neutralem Boden zu besprechen.

644 – Fledermaus Messer Schlüssel

Allgemeine Situation: Vielleicht haben Sie sich vor kurzem unsicher gefühlt, aber das wird vorübergehen. Passen Sie auf, wie Sie handeln, und machen Sie unter keinen Umständen etwas ohne vorherige sorgfältige Überlegung.

Finanzen/Geschäfte: Dies ist nicht die richtige Zeit für Spekulationen, aber sitzen Sie auch nicht nur untätig herum. Nutzen Sie die Zeit, um Ihren nächsten Schritt zu planen.

Liebe/Zuneigung: Sie werden die Gelegenheit haben, neue Leute kennenzulernen und neue Freunde zu finden, doch seien Sie ein wenig auf der Hut, da eine neue Beziehung Spannungen und Ärger bereiten kann. Es wird jedoch nicht lange dauern.

643 – Fledermaus Messer Leiter

Allgemeine Situation: Etwas, das Sie seit längerem geplant haben, ist in Gefahr zu scheitern, nicht nur wegen Ihrer eigenen Voreiligkeit, sondern auch wegen eines anderen, der Sie im letzten Augenblick im Stich läßt. Vermeiden Sie mögliche Enttäuschungen dadurch, daß Sie sich die Dinge gut überlegen, so daß sie völlig in Ihrer Kontrolle stehen.

Finanzen/Geschäfte: Sobald Sie glauben, in finanzieller Hinsicht etwas erreicht zu haben, tauchen Probleme auf, die Sie wieder zurückwerfen. Lassen Sie sich dadurch nicht zu sehr entmutigen, und versuchen Sie nicht zu rennen, bevor Sie gehen können.

Liebe/Zuneigung: Um Ihre augenblickliche Beziehung steht es gut. Versuchen Sie jedoch nicht, die Dinge zu forcieren, Sie könnten sonst einen Streit herbeirufen. Handeln Sie vorsichtig, wenn Sie Erfolg haben wollen.

642 – Fledermaus Messer Blitz

Allgemeine Situation: Das beste, was Sie tun können, ist, zu Hause zu bleiben und ein gutes Buch zu lesen. Es hat den Anschein, daß alles, was Sie anfassen, schiefgeht. Es könnte Ihre eigene Schuld sein oder auch daran liegen, daß andere gegen Sie arbeiten. Treten Sie nicht zu sehr in Erscheinung.

Finanzen/Geschäfte: Stellen Sie sich darauf ein, schnell zu handeln. Ein jetzt abgeschlossenes Geschäft wird Vorteile bringen, wenn vielleicht auch Ihre Kollegen wegen Ihrer Beweglichkeit etwas konsterniert sein werden und Ihre Beweggründe nicht verstehen.

Liebe/Zuneigung: Ihr Liebesleben scheint Sie augenblicklich etwas zu verwirren. Versuchen Sie, ein wenig bedächtiger zu sein, sonst haben Sie es mit einem schlechtgelaunten Partner zu tun.

641 – Fledermaus Messer Schnecke

Allgemeine Situation: Die Zeit ist gekommen, eine kleine Pause zu machen. Treten Sie etwas kürzer und verwöhnen Sie sich ein bißchen. Tun Sie etwas für Ihren Körper nach all der Anspannung, unter der Sie in letzter Zeit gestanden haben. Sammeln Sie Ihre Gedanken. Wenn Sie sich die Dinge überlegen, werden Sie ein klareres Bild von Ihrer Zukunft bekommen.

Finanzen/Geschäfte: Der Arbeitsdruck scheint Sie in letzter Zeit zu belasten, und gerade dann, wenn Sie die Unterstützung und den Beistand Ihrer Kollegen benötigen, sind sie nur allzu beschäftigt mit ihren eigenen Plänen und lassen Sie im Stich. Wenn Sie sich genügend Zeit für sich selber nehmen, werden diese Probleme Ihrer Gesundheit nicht schaden.

Liebe/Zuneigung: Lassen Sie keinen Familienstreit zwischen sich und Ihrem Partner aufkommen. Ihre Zankereien könnten Sie zu Entscheidungen zwingen, auf die Sie nicht vorbereitet sind. Gehen Sie ehrlich miteinander um, und wenn die andern schnelle Entscheidungen verlangen, sollen sie abwarten, wie Sie die Dinge betrachten.

636 – Fledermaus Herz Obstbaum

Allgemeine Situation: Der Eindruck, den Sie auf andere machen, scheint für Sie sehr wichtig zu sein. Versuchen Sie Ihre

Gefallsucht etwas zu mäßigen, denn Ihre wahren Freunde mögen Sie, weil Sie so sind, wie Sie sind, und nicht wegen Äußerlichkeiten.

Finanzen/Geschäfte: Eine Büroromanze ist keine gute Idee. Sie lenkt Sie nicht nur von Ihrer Arbeit ab, sondern kann Ihnen auch noch eine Menge anderer Probleme verursachen. Sie haben für die Stellung, die Sie jetzt innehaben, hart gearbeitet. Werfen Sie nicht alles hin für einen schwachen Augenblick.

Liebe/Zuneigung: Ihr Partner hat plötzlich beschlossen, »es sich mit jemandem nicht zu verderben« – auf Ihre Kosten. Vermeiden Sie es, zuviel Geld in Äußerlichkeiten zu stekken.

635 – Fledermaus Herz Becher

Allgemeine Situation: Gute Zeiten kündigen sich an, und die harten Bedingungen, unter denen Sie gelebt haben, machen Platz für Freude und Vergnügungen. So essen Sie, trinken Sie, und freuen Sie sich, solange es dauert.

Finanzen/Geschäfte: Wenn Vorsicht die Parole in den vergangenen Wochen gewesen ist, so ist es jetzt an der Zeit, ein wenig aus sich herauszugehen und anderen zu beweisen, daß man gar nicht so ein alter Miesepeter ist, wie sie dachten.

Liebe/Zuneigung: Eine wunderbare Zeit liegt vor Ihnen und Ihrem Partner. Zeit zur Erholung und Zeit für ein gutes Lebens- und Liebesgefühl. Auch Singles brauchen nicht finster dreinzuschauen – Partys, Feste und Liebe sind angesagt.

634 – Fledermaus Herz Schlüssel

Allgemeine Situation: Alte Unruhen und Probleme, die Sie gebremst haben, sind nun vorbei, und es beginnt für Sie ein Zeitabschnitt voll guter Gelegenheiten und Neuanfänge, sowohl im privaten als auch im beruflichen Bereich.

Finanzen/Geschäfte: Wenn Ihre finanzielle Lage in letzter Zeit Grund zur Verzweiflung bot – fassen Sie Mut, ein enger Freund wird Ihnen die Gelegenheit bieten, auf die Sie gewartet haben.

Liebe/Zuneigung: Wenn Sie sich bis vor kurzem ungeliebt fühlten, so können Sie sich augenblicklich darüber nicht beklagen. Freunde scharen sich um Sie und holen Sie aus Ihrer Versenkung. Eine bestehende Beziehung wird auf sichereren Füßen stehen, und Neues verspricht Erfolg.

633 – Fledermaus Herz Leiter

Allgemeine Situation: Freunde könnten Ihnen helfen, einen lang gehegten Plan zu verwirklichen. Doch der Erfolg schmeckt bekanntlich süßer, wenn man etwas aus eigener Kraft erreicht hat. Sie sollten herausfinden, ob Freunde Ihnen böse sind, »wenn Sie das Ruder für eine Zeitlang aus den Händen geben«.

Finanzen/Geschäfte: Die Gelegenheit, Gewinn zu machen, kommt aus einer sehr unerwarteten Ecke. Wenn Ihnen diese Glückssträhne zu Kopf steigt, können Sie Freunde verlieren.

Liebe/Zuneigung: Versuchen Sie nicht, Vorteile aus der Gutmütigkeit Ihres Partners zu ziehen. Das geht auf die Dauer nicht gut und wird Sie voneinander entfernen.

632 – Fledermaus Herz Blitz

Allgemeine Situation: Denken Sie nach, bevor Sie sprechen, oder Sie stehen eines Tages alleine da. Wenn Sie Ihre Worte nicht mit Bedacht wählen, werden Mißverständnisse und Verbitterung die Folgen sein.

Finanzen/Geschäfte: Ausstehende Schulden, die Sie bald begleichen sollten, können Sie bezahlen, wenn Sie sich ein wenig anstrengen – vielleicht machen Sie Überstunden.

Liebe/Zuneigung: Eine plötzliche Liebe ist möglich, aber was auch immer Sie tun – verstricken Sie sich nicht so sehr darin, daß Sie sich von Ihrer Familie entfremden und das Mißfallen Ihrer Freunde erregen.

631 – Fledermaus Herz Schnecke

Allgemeine Situation: Wo brennt es? Diese ganze Hetze und Eile ist wirklich nicht gut für Sie und schlägt sich auch schon in Ihrem Gesundheitszustand nieder. Wenn es tatsächlich so wichtig ist, die Sachen schnell zu erledigen, warum nehmen Sie nicht die Hilfe von Freunden und Ihrer Familie in Anspruch?

Finanzen/Geschäfte: Überarbeitung und schlechte Gesundheit gehen Hand in Hand, wenn Sie nicht langsamer machen. Verteilen Sie die Arbeit mehr an andere, damit Sie Ihren bereits erworbenen Wohlstand besser genießen können.

Liebe/Zuneigung: Versuchen Sie nicht mehr, Ihren Partner anzutreiben, Sie könnten sonst bald alleine dastehen. Lassen Sie Ihrem Partner statt dessen mehr Freiheiten, seinen eigenen Weg zu gehen. Ihre Beziehung wird dadurch besser und glücklicher werden.

626 – Fledermaus Storch Obstbaum

Allgemeine Situation: Die Vergangenheit mit ihren Sorgen und Problemen ist ein abgeschlossenes Kapitel. Der Schwerpunkt liegt nun auf der Zukunft und darauf, was Sie aus ihr machen. Wagen Sie den Absprung, und verwirklichen Sie Ihre neuen Ideen – sie werden Erfolg haben.

Finanzen/Geschäfte: Die Idee vom schnellen Reichtum ist gar nicht so weit hergeholt, wie Sie zuerst dachten. Besorgen Sie sich etwas Kapital (eigenes oder fremdes), und wagen Sie einen Versuch. Der Erfolg ist Ihnen sicher, und große Anerkennung steht Ihnen vielleicht bevor.

Liebe/Zuneigung: Ihr Partner trägt seit geraumer Zeit eine Idee mit sich herum, und der einzige Grund, der ihn von ihrer Verwirklichung abhält, ist Geld oder vielmehr dessen Mangel. Ermutigen Sie ihn, und wenn Sie es sich gegenwärtig erlauben können, geben Sie ihm eine kleine finanzielle Rückendeckung.

625 – Fledermaus Storch Becher

Allgemeine Situation: Neue Projekte, an denen Sie arbeiten, scheinen zeitweise vom Pech verfolgt zu sein. Unruhen überall, und gerade wenn die Dinge Gestalt annehmen, scheint etwas anderes schiefzulaufen. Diese Rückschläge gehen jedoch vorbei, und Erfolg stellt sich ein aufgrund Ihres Erfindungsreichtums und Ihrer Geschicklichkeit. Was Sie machen, wird nicht unbemerkt bleiben.

Finanzen/Geschäfte: Es wäre eine gute Idee, Geschäftsverbindungen zu unterhalten, um neue Interessen voranzutreiben und neue Ideen zu sammeln. Ihr Geist ist außerordentlich fruchtbar im Augenblick. Vielleicht suchen Sie sich

Rückendeckung für Ihr Vorhaben, das am besten bei einem Essen besprochen werden kann. Alte Hindernisse sind endgültig beiseite geräumt.

Liebe/Zuneigung: Die Gefühle der Mutlosigkeit zwischen Ihnen und Ihrem Partner werden verschwinden, und Ihre Beziehung renkt sich wieder ein. Eine Geburt oder eine Taufe im Familienkreis ist möglich.

624 – Fledermaus Storch Schlüssel

Allgemeine Situation: Schmerzen, Wehwehchen und Migräneanfälle, unter denen Sie in letzter Zeit gelitten haben, werden verschwinden, da Sie zu beschäftigt sind, um herumzusitzen und sich zu überlegen, wie Sie sich gerade fühlen. Es ist Zeit, kreativ zu werden, neue Ideen zu entwickeln, neue Wege zu suchen und neue Methoden auszuprobieren. Verbummeln Sie nicht Ihre Zeit.

Finanzen/Geschäfte: Solange Sie die Dinge richtig anfassen, werden finanzielle Schwierigkeiten relativ leicht zu lösen sein. Neue Gelegenheiten zum Geldverdienen sollten wahrgenommen werden, wenn sie sich ergeben.

Liebe/Zuneigung: Für Alleinstehende ist es augenblicklich nicht ratsam, Zukunftspläne zu schmieden, da noch genügend alte Probleme auf Bewältigung warten. Diejenigen von Ihnen, die eine Beziehung haben, sollten versuchen, dem Partner etwas seit langem Verheimlichtes zu gestehen.

623 – Fledermaus Storch Leiter

Allgemeine Situation: Hören Sie auf, vor Ungeduld mit den Zähnen zu knirschen, damit Sie neue Projekte starten können. Versichern Sie sich, daß Ihre Pläne tatsächlich durchführbar sind, bevor Sie mit der Realisierung anfangen. Ein Fehlschlag wäre denkbar, deshalb – erst denken, dann handeln.

Finanzen/Geschäfte: Wenn Sie nur das Vergangene vergangen sein ließen, dann wären Sie in der Lage, Ihre Karriere schneller voranzutreiben. Die Gelegenheiten sind da, und es fehlt Ihnen sicher nicht an Bestimmtheit oder Schwung. Darum vergessen Sie, wo es noch klemmt, und erlauben Sie sich, mit der Zeit zu gehen.

Liebe/Zuneigung: Ihr Partner könnte extrem verunsichert sein. Versuchen Sie es, soweit wie möglich zu ignorieren. Es wird vorübergehen. Machen Sie statt dessen damit weiter, was Sie interessiert.

622 – Fledermaus Storch Blitz

Allgemeine Situation: Sie könnten es mit Aktivitäten versuchen – das wird Ihnen helfen, über die täglichen Enttäuschungen hinwegzukommen. Schwierigkeiten und lästige kleine Probleme nehmen Ihnen die Kraft. Wenn die Leute nur sagen würden, was sie meinen, wäre das Leben wesentlich einfacher. Versuchen Sie, von diesen Unsicherheiten so schnell als möglich loszukommen, und setzen Sie Ihren Verstand danach für kreativere Dinge ein.

Finanzen/Geschäfte: Spekulieren Sie – aber schnell, Sie haben keine Zeit zu verlieren. Kaufen Sie sofort, und ein hübscher Gewinn ist Ihnen beim Verkauf sicher.

Liebe/Zuneigung: Vielleicht haben einige private Sorgen Sie zögern lassen, als es darauf ankam, Gefühle zu zeigen. Denken Sie daran – wer zögert, ist verloren. Also machen Sie weiter, und tun Sie etwas Positives – Sie werden von der Wirkung überrascht sein.

621 – Fledermaus Storch Schnecke

Allgemeine Situation: Sie sollten sich im Augenblick recht gut fühlen. Gefährden Sie die Sache nicht durch Übermüdung. Ihr Verstand scheint Überstunden zu machen, und Sie haben eine Menge origineller Ideen und Gedanken. Denken Sie daran, daß Sie nicht alles gleichzeitig tun können.

Finanzen/Geschäfte: Eine neue finanzielle Wende könnte Erfolg versprechen, aber zählen Sie Ihre Schäfchen nicht zu früh, denn es kann noch eine Menge schiefgehen, wenn Sie überstürzt handeln. Die Zeit wird es erweisen.

Liebe/Zuneigung: Verbringen Sie mehr Zeit mit Ihrem Partner, anstatt von einer gesellschaftlichen Verpflichtung zur anderen zu jagen. Setzen Sie sich zusammen, und machen Sie ein paar gute Pläne für die Zukunft.

616 – Fledermaus Sonne Obstbaum

Allgemeine Situation: Das Schicksal reicht Ihnen seine helfende Hand, und Sie können kaum etwas falsch machen. Alles, was Sie anfassen, ist von Erfolg gekrönt. Machen Sie weiter so, und genießen Sie es.

Finanzen/Geschäfte: Sie haben ein Händchen für Geschäfte – verfolgen Sie ruhig Ihre Pläne und Ideen, Geld zu machen, sie können nicht schiefgehen. Eine Beförderung mit größerer Verantwortung könnte Ihnen angeboten werden, die Ihnen finanziellen Gewinn bringt.

Liebe/Zuneigung: Kommen Sie auf die Erde zurück, oder Sie treiben Ihren Partner zum Wahnsinn. Es mag ganz schön sein, eine wandelnde Erfolgsgeschichte zu sein, aber wenn man die Geschichte zum dritten Mal an einem Abend hört, fängt sie an, einem auf die Nerven zu gehen.

615 – Fledermaus Sonne Becher

Allgemeine Situation: Halten Sie ein – Sie sind so beschäftigt damit, in der Welt voranzukommen und gut zu sein, daß Sie sich seit langem keinen freien Abend mehr gegönnt haben. Warum gehen Sie nicht mal ins Kino, zum Essen oder besuchen Freunde am Wochenende.

Finanzen/Geschäfte: Werden Sie nicht zu vertrauensselig, nur weil die Dinge sich gut entwickeln. Auch Sie können mal einen Fehler machen, und ein gesellschaftlicher Fehltritt bei einem Essen mit Ihrem Chef und wichtigen Kunden wird nicht leicht wieder gutzumachen sein.

Liebe/Zuneigung: Seien Sie zufrieden mit dem, was Sie haben. Wenn Ihr Partner Sie liebt und respektiert, was wollen Sie mehr? Es ist nicht gut, wenn Sie das, was Sie haben, kaputtmachen für etwas, das nur in Ihrer Phantasie existiert.

614 – Fledermaus Sonne Schlüssel

Allgemeine Situation: Sie besitzen nicht nur den Schlüssel zu Ihrem eigenen Vergnügen, sondern auch zum Vergnügen anderer, die von Ihnen abhängig sind. Lassen Sie nicht eine Erinnerung aus der Vergangenheit Ihre Träume für die Zukunft kaputtmachen.

Finanzen/Geschäfte: Ein akzeptabler Ausweg aus einem vertrackten Finanzproblem liegt auf der Hand. Versuchen Sie, aus Ihren Fehlern zu lernen, und Sie werden sich nicht wieder täuschen. Prüfungsergebnisse werden gut ausfallen.

Liebe/Zuneigung: Seien Sie großzügig mit Küssen, und machen Sie sich zurecht. Sie werden die Zukunft mit Ihrem Partner verbringen, und Sie müssen lernen, mit den Problemen, die zwischen Ihnen auftauchen, umzugehen. Sie können nicht immer recht behalten.

613 – Fledermaus Sonne Leiter

Allgemeine Situation: Die Zeit ist günstig, um einem lange gehegten Wunsch nachzukommen. Sie sind voller Energie und Zielstrebigkeit, und solange Sie die Situation unter Kontrolle haben, werden Ihre Anstrengungen belohnt werden. Lassen Sie nicht zu, daß ein Gespenst aus der Vergangenheit Ihren Erfolg zunichte macht.

Finanzen/Geschäfte: Es ist wahrscheinlicher, daß Sie Erfolg haben, als daß Sie scheitern. Dies ist jedoch kein Grund, vertrauensselig zu werden und unnötige Risiken einzugehen. Denken Sie daran, daß nichts hundertprozentig sicher ist, was noch nicht abgeschlossen ist.

Liebe/Zuneigung: Günstige Zeiten für Liebende, und sollten Sie vorhaben zu heiraten, so ist es jetzt an der Zeit, Pläne zu machen. Sollten Sie bereits verheiratet sein, wie wäre es mit einer zweiten Hochzeitsreise?

612 – Fledermaus Sonne Blitz

Allgemeine Situation: Seien Sie bereit, sehr schnell, aber nicht unüberlegt zu handeln, wenn Sie das Beste aus einer Aufstiegsmöglichkeit machen wollen, die bald auf Sie zukommt. Sollte Ihnen etwas wegen Ihrer Gesundheit Sorgen bereiten, behalten Sie es nicht für sich, sondern lassen Sie sich untersuchen. Sie werden sich eine Menge unnötigen Ärger ersparen.

Finanzen/Geschäfte: Ihre Neigung, alles mit halsbrecherischer Geschwindigkeit zu tun, könnte zur Folge haben, daß Sie eine gute Gelegenheit verpassen.

Liebe/Zuneigung: Was haben Sie getan, daß Ihr Partner wieder einmal schlecht auf Sie zu sprechen ist? Sie müßten wirklich ein wenig überlegter vorgehen und etwas mehr Fürsorge an den Tag legen. Wie wäre es mit einem überraschenden Geschenk, um zu zeigen, daß Sie manchmal auch innehalten und überlegen.

611 – Fledermaus Sonne Schnecke

Allgemeine Situation: Wenn Sie sich wirklich anstrengen, um Ihre Gedanken für einen Augenblick zu sammeln, und mit etwas mehr Vorsicht und Klugheit handeln, so werden Sie merken, daß es durchaus möglich ist, mit vorhandenen Problemen fertig zu werden. Machen Sie die Augen auf, bevor Sie springen, und denken Sie nach, bevor Sie handeln.

Finanzen/Geschäfte: Das Glück ist Ihren Geschäften hold, und die Saat, die Sie gesät haben, bringt jetzt Früchte. Versuchen Sie jedoch nicht, alles auf einmal zu ernten, ein paar Früchte könnten Schaden erleiden.

Liebe/Zuneigung: Ihr Partner fühlt sich vielleicht ein wenig erschöpft und müde. Nehmen Sie ein wenig von Ihrer überschüssigen Energie, und helfen Sie ihm, bis er wieder auf eigenen Füßen stehen kann.

566 – Käfer Wegkreuzung Obstbaum

Allgemeine Situation: Ein spezieller Plan, den Sie unablässig verfolgt haben, wird eine unerwartete Überraschung mit sich bringen. Eine Person außerhalb Ihres unmittelbaren Familienkreises könnte Sie mit einem einträglichen Angebot überraschen.

Finanzen/Geschäfte: Harte Arbeit zahlt sich schließlich aus. Eine plötzliche Entscheidung über etwas, woran Sie gearbeitet haben, bringt finanzielle Anerkennung, die nicht nur Ihnen, sondern auch Ihren Angehörigen zugute kommt.

Liebe/Zuneigung: Verfolgen Sie Ihre Pläne weiter, auch wenn sie Geld kosten. Es ist eine kluge Sache, und Ihr Partner wird es Ihnen sehr zu danken wissen.

565 – Käfer Wegkreuzung Becher

Allgemeine Situation: Vernachlässigen Sie gesellschaftliche Anlässe wegen Ihrer Arbeitsliebe nicht zu sehr. Man muß sich selbst ein wenig Zeit zur Erholung gönnen. Gibt es niemanden, der Sie eine Zeitlang vertreten kann?

Finanzen/Geschäfte: Es war ein langer und harter Kampf, bis Ihr letztes Projekt in Gang kam, und nur Ihre unermüdliche Geduld hat es fertiggebracht. Holen Sie erst einmal tief Luft, bevor Sie die nächste Sache in Angriff nehmen.

Liebe/Zuneigung: Gelegentliche Überraschungen machen Spaß und bringen Zerstreuung. Machen Sie sich ein paar Stunden, an die man sich gerne zurückerinnert.

564 – Käfer Wegkreuzung Schlüssel

Allgemeine Situation: Die harten Arbeiten und Studien, die Sie auf sich luden, während alle andern ihr Leben genossen, werden sich nun auf sehr unerwartete Weise auszahlen. Sie befinden sich an einer Kreuzung, und Sie müssen sich für einen Weg entscheiden und an dieser Entscheidung festhalten.

Finanzen/Geschäfte: Ein unerwarteter Glücksfall verschafft Ihnen finanzielle Sicherheit und hilft Ihnen wieder auf die Beine. Zahlen Sie alle ausstehenden Schulden, und passen Sie in Zukunft besser auf Ihr Geld auf.

Liebe/Zuneigung: Fühlen Sie sich nicht ungeliebt und abstoßend – jemand hegt Zuneigung für Sie. Sie wird vielleicht nicht so gezeigt, wie Sie es gerne hätten. Geben Sie ihr eine Chance – dann kommt sie vielleicht zum Vorschein.

563 – Käfer Wegkreuzung Leiter

Allgemeine Situation: Wenn jemand Anerkennung für harte Arbeit verdient, dann sind Sie es. Ihre Rettung kommt von völlig unerwarteter Seite, was Sie aber nicht stören soll. Machen Sie Ihre Träume wahr, und profitieren Sie von einem Angebot, das Ihnen sicher bald unterbreitet wird.

Finanzen/Geschäfte: Es ist gut und schön, ehrgeizig zu sein, aber die einzige Möglichkeit, die Erfolgsleiter hinaufzuklettern, beruht auf harter Arbeit, immer neuen Versuchen und Entschlußkraft. Sie schaffen es, und große Anerkennung wird Ihnen zuteil.

Liebe/Zuneigung: In Ihrem alten Liebesleben steht das Barometer auf Sturm, versuchen Sie, herauszufinden, ob sich wieder einmal Verwandte eingemischt haben. Es ist erstaunlich, wieviel Unruhe durch eine scheinbar harmlose Bemerkung gestiftet werden kann. Ein Umzug in eine andere Gegend könnte helfen.

562 – Käfer Wegkreuzung Blitz

Allgemeine Situation: Sind Sie wirklich überrascht, daß sich Ihre Familie beschwert? Beschäftigen Sie sich nicht ausschließlich nur mit einem neuen Hobby, Sie haben sonst keine Zeit für anderes. Versuchen Sie, etwas weniger gedankenlos zu sein, Sie könnten ein paar erfreuliche Überraschungen erleben.

Finanzen/Geschäfte: Ein neuer Mitarbeiter oder Kollege könnte ein Grund für Streitigkeiten und Auseinandersetzungen zwischen Ihren Arbeitskollegen sein. Sie täten gut daran, sich aus diesen Streitigkeiten herauszuhalten. Es könnte Ihnen schlecht bekommen und sogar Ihre Zukunftspläne aufs Spiel setzen.

Liebe/Zuneigung: Jemand, der Ihnen nahesteht, macht eine Enthüllung, auf die Sie nicht gefaßt sind. Versichern Sie sich, daß Sie richtig verstanden haben, denn ein Mißverständnis könnte Wutausbrüche und allgemeine schlechte Laune zur Folge haben.

561 – Käfer Wegkreuzung Schnecke

Allgemeine Situation: Eine überraschende Gelegenheit verlangt von Ihnen reifliche Überlegung und gründliches Nachdenken, bevor Sie sich entscheiden können. Wenn der tägliche Druck der Lebensumstände Sie momentan zu stark belastet, versuchen Sie, ruhig zu bleiben und einen Schritt nach dem anderen zu machen.

Finanzen/Geschäfte: Sie können eine schöne Überraschung erleben, auf die Sie sicherlich nicht vorbereitet sind. Es könnte mit Geld oder Besitz zusammenhängen, aber es ist wahrscheinlicher, daß es sich um intime Geschenke, wie zum Beispiel Schmuck oder Pelze handelt.

Liebe/Zuneigung: Sie müssen wirklich aufhören, so romantisch zu sein und mit dem Kopf in den Wolken zu schweben, wenn es um Ihre Gefühle geht. Nehmen Sie sich Zeit, die Dinge abzuwägen, und seien Sie etwas materialistischer, um zukünftig mit persönlichen Situationen richtig umzugehen.

556 – Käfer Katze Obstbaum

Allgemeine Situation: Seien Sie nicht so verzweifelt, und denken Sie nicht, daß Sie die Dinge, für die Sie so hart gearbeitet haben, sowieso nicht erreichen werden. Besprechen Sie sich mit Ihrer Familie – sie kann Ihnen helfen, und vielleicht bekommen Sie so auch einige neue Ideen. Halten Sie daran fest, und Sie schaffen es.

Finanzen/Geschäfte: Was Ihr Einkommen anbelangt, so herrschen gute Zeiten für Sie, und alles geht glatt. Stecken Sie Ihre Anstrengungen in langfristige Projekte, und versuchen Sie nicht, auf die schnelle Geld zu machen. Sie könnten auf die Nase fallen.

Liebe/Zuneigung: Die Leute in Ihrer Umgebung scheinen mehr aus ihrem Leben zu machen als Sie. Schauen Sie, wie weit Sie gekommen sind, und Sie werden überrascht sein, wieviel Sie als sicher annehmen. Machen Sie sich Ihre Werte klar.

555 – Käfer Katze Becher

Allgemeine Situation: Sie und Ihre Familie haben allen Grund zum Feiern – die ganze harte Arbeit und Aufopferung wird sich nun auszahlen.

Finanzen/Geschäfte: Jeder hat von Anfang an gesagt, daß Ihr Projekt schiefgehen müßte, aber Ihr Durchhaltevermögen und Ihre Haltung, nie aufzugeben, hat allen unrecht gegeben. Widerstehen Sie der Versuchung, deshalb zu triumphieren, aber genießen Sie Ihren wohlverdienten Erfolg.

Liebe/Zuneigung: Versuchen Sie, ein wenig Romantik in Ihr Leben zu bringen. Vielleicht ein Essen bei Kerzenschein zu zweit, in einem hübschen kleinen Restaurant oder sogar zu Hause – dämmriges Licht und sanfte Musik sind ein Muß.

554 – Käfer Katze Schlüssel

Allgemeine Situation: Ein Problem, das Ihnen Schwierigkeiten bereitet hat, wird in einem anderen Licht erscheinen. Versuchen Sie, etwas fröhlicher zu sein, denn eine neue Lebensphase voll guter Gelegenheiten kommt auf Sie zu.

Finanzen/Geschäfte: Ihre eigenen finanziellen Sorgen und Probleme werden zweitrangig sein, denn jemand aus Ihrem Familienkreis braucht in einer vertrackten Situation Ihre

Hilfe und Ihren Rat. Sie werden froh sein, daß Sie sich darüber Gedanken gemacht haben.

Liebe/Zuneigung: Versuchen Sie nicht um jeden Preis, Leute zu beeindrucken und es ihnen gleichzutun. Versuchen Sie einmal, Sie selbst zu sein. Sie werden überrascht sein, was das für einen Unterschied macht.

553 – Käfer Katze Leiter

Allgemeine Situation: Ihre Erfolgschance, auf die Sie so lange gewartet haben, ist da. Sie dürfen sich jedoch nicht in die Karten schauen lassen, denn es gibt immer jemanden, der Ihnen gerne Ihre Ideen stehlen würde, sobald sich ihm die Gelegenheit böte.

Finanzen/Geschäfte: Ihre Geldangelegenheiten zeigen einen steten Aufwärtstrend. Trotzdem ist es augenscheinlich nicht ratsam, etwas Überflüssiges zu kaufen.

Liebe/Zuneigung: Sie müssen wählen zwischen dem, was Sie wollen, und dem, was Ihr Partner will. Regeln Sie die Situation mit einem Kompromiß.

552 – Käfer Katze Blitz

Allgemeine Situation: Ein kleines Gesundheitsproblem, das Sie schon einige Zeit mit sich herumtragen, scheint sich zu bessern. Auch ist es an der Zeit, ein persönliches Problem zu lösen. Handeln Sie rasch, aber nicht unklug.

Finanzen/Geschäfte: Dies ist eine Lektion, die jeder irgendwann in seinem Leben lernen muß – man kann nicht erwarten, etwas zu bekommen, wenn man nichts zurückgibt. Die einzige Möglichkeit, das zu bekommen, was Sie wollen, besteht in harter Arbeit.

Liebe/Zuneigung: Gefühlsmäßig stehen Ihnen bewegte Zeiten bevor. Wenn Sie mit der Entwicklung der Dinge zufrieden sind, dann machen Sie weiter, aber zögern Sie nicht zu lange, denn Ihre Unentschlossenheit könnte leicht als Gleichgültigkeit mißverstanden werden.

551 – Käfer Katze Schnecke

Allgemeine Situation: Obwohl andere Leute, speziell Ihre Familie, sich in Ihre Pläne einmischen und sie sogar zu vereiteln suchen, sollten Sie sich nicht zu sehr darüber aufregen. Wenn Sie sich überlegen, was sie gesagt haben, könnten Sie herausfinden, daß sie zumindest teilweise recht haben.

Finanzen/Geschäfte: Es ist an der Zeit, neue Ideen zu formulieren und über neue Projekte nachzudenken. Suchen Sie jedoch professionellen Rat, bevor Sie endgültige Schritte unternehmen. Selbst wenn Sie mit dem Ratschlag nicht übereinstimmen, weisen Sie ihn nicht von der Hand.

Liebe/Zuneigung: Seien Sie mit Ihrem Partner etwas geduldiger. Andere Leute haben auch Gefühle, auch wenn sie nicht in jeder Hinsicht mit Ihren identisch sind. Hüten Sie sich vor Augenblickshandlungen.

546 – Käfer Messer Obstbaum

Allgemeine Situation: Haben sie das Gefühl, daß jemand zu Ihnen freundlich ist nur wegen Ihres Geldes und nicht wegen

Ihrer Persönlichkeit? Versuchen Sie herauszufinden, wer es ist, und versichern Sie sich, daß Sie nicht betrogen worden sind.

Finanzen/Geschäfte: Was für Überredungskünstler diese Verkäufer auch immer sein mögen und wie idiotensicher ihr System zu sein scheint – investieren Sie kein Geld, bevor Sie keine endgültigen Garantien haben.

Liebe/Zuneigung: Obwohl Ihr Partner Sie manchmal vielleicht aufregt – halten Sie zu ihm, trotz der gelegentlichen Versuchungen. Alles in allem ist der Teufel, den man kennt, besser als der, den man nicht kennt.

545 – Käfer Messer Becher

Allgemeine Situation: Versuchen Sie, sich nicht zu sehr von anderen abhängig zu machen, Sie könnten sonst in einem Augenblick fallengelassen werden, in dem Sie zusätzliche helfende Hände brauchen. Zügeln Sie sich ein wenig, und versuchen Sie, die Dinge unter Ihre eigene Kontrolle zu bekommen.

Finanzen/Geschäfte: Auf den ersten Blick scheint alles in Ordnung zu sein und gut zu laufen. Trotzdem ist da ein unterschwelliges Gefühl, daß nicht alles so ist, wie es sein soll. Überprüfen Sie Ihre Arbeit, und wenn es zutreffen sollte, machen Sie ein wenig Inventur.

Liebe/Zuneigung: Tun Sie nichts, was das Boot zum Kentern bringen könnte. Die Dinge stehen gut zwischen Ihnen und Ihrem Partner. Es wäre schade, die gute Stimmung zu verderben.

544 – Käfer Messer Schlüssel

Allgemeine Situation: Sie haben Gelegenheit, mit jemandem eine alte Rechnung zu begleichen, der Sie in der Vergangenheit wiederholt im Stich gelassen hat. Es muß etwas getan werden, um reine Luft zu schaffen und alte Klagen ein für allemal aus der Welt zu schaffen.

Finanzen/Geschäfte: Versuchen Sie nicht, andere zu benützen, um eigene finanzielle Vorteile zu erlangen. Das ist eine schlechte Idee, und sie könnte sich leicht gegen Sie wenden, was katastrophale Folgen hätte.

Liebe/Zuneigung: Sollte Ihr Partner aus irgendeinem Grund die Fassung verlieren, dann fallen Sie nicht gleich aus allen Wolken, sondern bewahren Sie Haltung. Es geschah nicht in der Absicht, Sie zu betrügen, und das beste ist, die Sache zu vergessen.

543 – Käfer Messer Leiter

Allgemeine Situation: Ihr unbändiges Verlangen, ein persönliches Ziel zu erreichen, könnte Sie auf Glatteis führen. Verderben Sie es sich nicht mit Ihrer Umwelt, fügen Sie sich in das »Nein«, und seien Sie zufrieden. Versuchen Sie zur Abwechslung einmal, etwas mehr nachzudenken.

Finanzen/Geschäfte: Wie wäre es, wenn Sie jemandem aushelfen, zumal Sie es sich im Augenblick wirklich leisten können? Sie werden erstaunt sein, wie sehr der Versuch sich lohnen kann.

Liebe/Zuneigung: Anstatt sich Sorgen zu machen, ob Ihr Partner das Interesse an Ihnen verliert, täten Sie besser daran, sich etwas mehr zu engagieren. Sie wissen zwar, wie

Sie sich fühlen, aber wie lange ist es her, daß Sie es ihm erzählt haben? Es könnte die Spannungen abbauen, die Sie beide seit längerem verspüren.

542 – Käfer Messer Blitz

Allgemeine Situation: Vermeiden Sie Streitigkeiten. Sie sollten wirklich Ihr Tempo etwas verlangsamen und die Dinge ein wenig leichter nehmen – Übermüdung und Streß auf Grund von Überstunden könnten längerfristig Ihre Gesundheit angreifen.

Finanzen/Geschäfte: Lassen Sie nicht zu, daß ein Kollege Sie dazu bringt, eine spontane Entscheidung zu treffen, auf die Sie nicht vorbereitet sind. Das führt höchstens zu Mißverständnissen, da Sie keinen richtigen Auftrag haben.

Liebe/Zuneigung: Sie sollten aufpassen, was Ihr Partner Ihnen zu sagen hat, es könnte sonst passieren, daß Sie sich im Unrecht befinden. Strengen Sie sich an, um herauszubekommen, was er oder sie wirklich will.

541 – Käfer Messer Schnecke

Allgemeine Situation: Es wäre gut, wenn Sie Ihre Beschwerden für sich behalten würden. Versichern Sie sich zuerst, daß Sie auch wirklich berechtigten Anlaß zur Beschwerde haben, bevor Sie sich Luft machen.

Finanzen/Geschäfte: Mit Zahlungen und Raten sind Sie etwas im Rückstand. Das sollte Sie nicht weiter beunruhigen, da Sie es leicht, wenn auch nicht schnell, wieder aufholen können.

Liebe/Zuneigung: Sehen Sie zu, daß Sie nicht alles abbekommen, wenn Ihr Partner gerade Streit sucht. Verhalten Sie sich ruhig und besonnen und warten Sie, bis der Sturm sich legt.

536 – Käfer Herz Obstbaum

Allgemeine Situation: Steigen Sie für fünf Minuten aus dem Rennen aus, und verbringen Sie etwas Zeit mit Ihrer Familie und Ihren Freunden. Die Diagnose lautet, daß Sie alle ein paar Ferientage brauchen.

Finanzen/Geschäfte: Dieses eine Mal wäre es nicht schlecht, wenn Sie sich bei einer geschäftlichen Entscheidung von Ihrem Herz leiten lassen würden, anstatt nach dem Verstand zu gehen. Benützen Sie Ihre Intuition.

Liebe/Zuneigung: Sie und Ihr Partner sollten sich ein wenig gehenlassen und genießen, anstatt immer im alten Trott weiterzumachen. Gehen Sie aus sich heraus – es könnte Ihnen Spaß bereiten.

535 – Käfer Herz Becher

Allgemeine Situation: Vergnügliche und glückliche Zeiten mit Ihrer Familie und engen Freunden kommen auf Sie zu. Genießen Sie das Leben in vollen Zügen, und nützen Sie jede Gelegenheit zum Feiern.

Finanzen/Geschäfte: Ihr Ratschlag in einer finanziellen Angelegenheit sollte der eines Freundes sein und nicht mit Widerwillen gegeben werden. Sie wissen nie, wann Sie selber Hilfe benötigen.

Liebe/Zuneigung: Sie und Ihr Partner werden in nächster Zeit sehr gut übereinstimmen. Ihre Beziehung scheint intensiver und aufregender zu werden.

534 – Käfer Herz Schlüssel

Allgemeine Situation: Gerade wenn Sie anfangen, an der Lösung lang anstehender Probleme zu verzweifeln, wird Ihnen ein Freund die richtige Richtung aufzeigen.

Finanzen/Geschäfte: Haben Sie jemals daran gedacht, sich einen Freund als Geschäftspartner zu nehmen? Sie sollten es tun, denn die Gelegenheit wird sich bald ergeben, und die Belohnung dafür, daß Sie nun am selben Strang ziehen, ist beachtlich.

Liebe/Zuneigung: Jemand, den Sie früher als außergewöhnlich betrachtet haben, wird in Ihr Leben zurückkommen. Das bedeutet nicht nur neue Gelegenheiten, sondern auch einige Probleme.

533 – Käfer Herz Leiter

Allgemeine Situation: Es gibt neue Dinge, die angepackt werden müssen, neue Pläne und neue Ziele. Sie haben eine Menge Freunde, die bereit sind, Ihnen beizustehen und Ihnen den Anfang zu erleichtern.

Finanzen/Geschäfte: Ihr Ziel ist immer finanzielle Sicherheit gewesen. Sie werden sich hinsichtlich einer neuen Karriere, die Ihnen genau das bietet, entscheiden müssen. Überlegen Sie sorgfältig, denn einige Schüsse könnten nach hinten losgehen.

Liebe/Zuneigung: Bringen Sie wieder etwas mehr Glanz in Ihr Privatleben. Sie haben vielleicht in letzter Zeit so hart gearbeitet, daß Sie nicht bemerkt haben, daß das Feuer ausgegangen ist.

532 – Käfer Herz Blitz

Allgemeine Situation: Verbringen Sie Ihre Zeit nicht mit Tagträumen über das, was sein könnte. Stehen Sie auf, und tun Sie etwas Positives. Wenn Sie einmal den Absprung geschafft haben, werden Sie überrascht sein, wieviel man in kurzer Zeit auf die Beine stellen kann.

Finanzen/Geschäfte: Vorausgesetzt, daß Sie bereit sind, hart zu arbeiten, und nicht aufgeben, wenn es mühsam wird, wird sich Ihre finanzielle Lage sehr verbessern.

Liebe/Zuneigung: Unruhige Zeiten für Sie und Ihren Partner, wenn Sie gefordert sind, schnelle Entscheidungen zu fällen. Das hat eine positive Auswirkung auf Ihre Beziehung, und Sie werden beide auf die eine oder andere Weise davon profitieren.

531 – Käfer Herz Schnecke

Allgemeine Situation: Andere Menschen, vor allem Verwandte, scheinen Sie zu bremsen. Zuerst sind Sie darüber verärgert, aber wenn Sie sich Zeit nehmen, darüber nachzudenken, könnte sich herausstellen, daß sie recht haben. Treten Sie etwas kürzer. Wenn Sie so weitermachen, könnten Sie gesundheitliche Schäden davontragen.

Finanzen/Geschäfte: Finanziell befinden Sie sich gegenwärtig im Keller. Sie haben den Schwung und die Willenskraft, erfolgreich zu sein, aber Sie scheinen Ihre Richtung nicht zu finden. Treffen Sie keine Entscheidungen auf die schnelle.

Liebe/Zuneigung: Schauen Sie sich Ihre Beziehung gut an, bevor Sie irgendwelche Zukunftspläne machen. Ihr Partner denkt vielleicht nicht in denselben Bahnen wie Sie, und Sie sollten ihm Zeit zum Überlegen lassen. Seien Sie geduldig.

526 – Käfer Storch Obstbaum

Allgemeine Situation: Es ist an der Zeit, sich zu verändern und etwas Neues zu versuchen. In Gedanken haben Sie sich alles schon seit Monaten zurechtgelegt, und Sie brauchen nur einen kleinen Schritt zu tun, um die Dinge ins Rollen zu bringen.

Finanzen/Geschäfte: Eine Beförderung oder eine neue Aufgabe steht Ihnen bevor. Es wird eine bewegte Periode mit neuen Projekten und neuen Zielen. Wahrscheinlich bekommen Sie eine Gehaltserhöhung.

Liebe/Zuneigung: Sie können Zuneigung nicht erkaufen – also versuchen Sie es auch nicht. Seien Sie Sie selbst, und versuchen Sie nicht, jemandem mit teuren Geschenken den Kopf zu verdrehen.

525 – Käfer Storch Becher

Allgemeine Situation: Ruhen Sie sich aus, und gönnen Sie sich sich etwas Freude. Planen Sie sowohl Ihre Freizeit als auch Ihre Arbeit im voraus.

Finanzen/Geschäfte: Wenn Sie ein Investitionsobjekt suchen – alles, was mit der Lebensmittelbranche zu tun hat, sieht vielversprechend aus. Wenn Sie nur wenig Bargeld zur Verfügung haben, sollten Sie es in ein oder zwei Kisten Wein anlegen.

Liebe/Zuneigung: Eine herrliche Zeit für Verliebte, ob sie verheiratet sind oder nicht. Das Leben ist ein einziges Vergnügen mit vielen Gelegenheiten zum Feiern und einigen erfreulichen Überraschungen.

524 – Käfer Storch Schlüssel

Allgemeine Situation: Stehen Sie auf, und bewegen Sie sich. Es gibt viel zu tun und viel zu gewinnen. Vergessen Sie Ihre Probleme. Sie müssen mit der Zeit gehen und zur Abwechslung einmal etwas Neues versuchen.

Finanzen/Geschäfte: Wenn Sie neue Ideen haben, die nicht nur Ihnen, sondern auch Ihrem Arbeitgeber nützlich sein könnten, rücken Sie bald mit ihnen heraus. Dies könnte genau die Gelegenheit sein, auf die Sie gewartet haben.

Liebe/Zuneigung: Harmonisch wäre genau das Wort, um Ihr momentanes Privatleben zu beschreiben. Nicht nur Sie, sondern auch Ihr Partner fühlen sich glücklich und zufrieden.

523 – Käfer Storch Leiter

Allgemeine Situation: Das Leben ist das, was Sie daraus machen, und Sie werden bald Gelegenheit haben, sich einen Traum zu verwirklichen. Seien Sie bereit zu handeln, und lassen Sie sich nicht durch kleine Hindernisse von Ihrem Weg abbringen.

Finanzen/Geschäfte: Wenn Sie nicht mehr für einen anderen arbeiten wollen, könnte dies Ihre Gelegenheit sein, sich selbständig zu machen. Aber seien Sie auf lange Arbeitszeiten gefaßt, um die Sache anzukurbeln.

Liebe/Zuneigung: Was halten Sie davon, Geschäft und Vergnügen zu kombinieren? Sie und Ihr Partner bilden ein gutes Gespann, und keiner von Ihnen fürchtet sich vor harter Arbeit. Sie wollten sich beide immer selbständig machen – denken Sie darüber nach.

522 – Käfer Storch Blitz

Allgemeine Situation: Eine neue Idee oder einen neuen Plan kann man nicht auf die schnelle verwirklichen. Wenn Sie Ihr Ziel erreichen wollen, bedarf es einiger Überlegungen und Entschlußkraft. Es steht Ihnen eine interessante Zeit bevor.

Finanzen/Geschäfte: Eine neue Spekulation, möglicherweise das Ergebnis Ihrer eigenen Überlegungen, ist lebensfähig. Versichern Sie sich jedoch erst, ob Sie Ihre Arbeit gründlich gemacht haben. Unterzeichnen Sie keinerlei Verträge, und gehen Sie nicht vorschnell Verbindlichkeiten ein. Lesen Sie sich das Kleingedruckte sorgfältig durch. Ein Bruch mit Gewohnheiten könnte für Sie von Vorteil sein.

Liebe/Zuneigung: Eine neue Freundschaft oder eine Romanze steht Ihnen in Kürze bevor. Tun Sie aber nichts, was Sie später bereuen könnten. Seien Sie nicht so verblendet, daß Sie Ihre anderen Freunde und Interessen vergessen. Lernen Sie Ihre neue Bekanntschaft erst näher kennen, bevor Sie langfristige Entscheidungen treffen.

521 – Käfer Storch Schnecke

Allgemeine Situation: Sie müssen wirklich mehr auf Ihre Gesundheit achten, selbst ein wenig Sport ist besser als gar nichts. Wenn Sie ein paarmal früh zu Bett gingen, wären Sie in besserer Verfassung, um alle Ihre Pläne und Ideen in die Tat umzusetzen.

Finanzen/Geschäfte: Das Geld liegt auf der Straße. Halten Sie Augen und Ohren offen, und seien Sie bereit zu handeln. Es wäre schade, diese vom Himmel gesandte Gelegenheit zu versäumen, nur weil Sie im entscheidenden Augenblick geschlafen haben.

Liebe/Zuneigung: Sie und Ihr Partner hätten am meisten von ein paar ruhigen Abenden zu Hause vor dem Fernsehapparat, mit einem Buch oder einfach, um einmal richtig auszuspannen. Die Kerze kann nicht ewig von beiden Seiten brennen.

516 – Käfer Sonne Obstbaum

Allgemeine Situation: Es gibt keine Situation, aus der Sie nicht das Beste machen können und dabei ganz groß herauskommen. Sie stecken voller Energie, und Ihr Wunsch, die Sachen anzupacken, ist offensichtlich.

Finanzen/Geschäfte: Wie könnten Sie scheitern? Sie haben gerade ein fantastisches Händchen für Geschäfte, und alles, was Sie anfassen, zahlt sich in hübschen Dividenden aus. Sogar beim Glücksspiel sind Sie ein Gewinner – passen Sie auf, daß es Ihnen nicht zu Kopf steigt.

Liebe/Zuneigung: Sie mögen sich fühlen wie auf dem Kamm einer Welle. Aber wie geht es Ihrem Partner? Teilen Sie Ihren Erfolg, und seien Sie nicht so egozentrisch. Ein bißchen mehr Demut wäre nicht verkehrt.

515 – Käfer Sonne Becher

Allgemeine Situation: Machen Sie das Heu, solange die Sonne scheint, und genießen Sie die Früchte Ihrer Arbeit. Ihre Pflichterfüllung hat Ihnen Erfolg gebracht, und Sie sollten ihn mit Ihrer Familie und guten Freunden teilen und ein wenig feiern.

Finanzen/Geschäfte: Lassen Sie sich trotz aller Überredungskünste nicht von Ihrer Meinung abbringen. Konzentrieren Sie sich auf Ihre eigenen persönlichen Ziele, und prüfen Sie sehr sorgfältig die Angebote, die Ihnen gemacht werden.

Liebe/Zuneigung: Für Liebende allen Alters beginnt eine wunderbare Zeit. Verstecken Sie sich nicht – gehen Sie aus, lassen Sie den Alltag hinter sich, und vor allem genießen Sie.

514 – Käfer Sonne Schlüssel

Allgemeine Situation: Sie werden eine Menge bedeutender Möglichkeiten haben, aber Sie müssen nach ihnen Ausschau halten. Sprechen Sie mit jemandem, dessen Meinung Sie schätzen, über Ihre Zukunftspläne, aber seien Sie vor allem bereit zu handeln.

Finanzen/Geschäfte: Die günstige Gelegenheit wird bald anklopfen, sehen Sie zu, daß Sie es sind, der dem finanziellen Erfolg die Türe öffnet. Es könnte die Lösung all Ihrer Probleme sein. Handeln Sie jetzt!

Liebe/Zuneigung: Vorausgesetzt, Sie ergreifen die Initiative und lassen den Kopf nicht hängen, ist alles für eine glückliche Zeit der Liebe für Sie vorbereitet. Für alleinstehende Leute, die heiraten möchten, könnte es keine bessere Zeit geben, über diese Frage nachzudenken.

513 – Käfer Sonne Leiter

Allgemeine Situation: So ausgefallen und ehrgeizig Ihre Ideen auch sein mögen – es könnte keinen besseren Zeitpunkt geben, sie auszuprobieren, als gerade jetzt. Augenblicklich kann sich Ihr Leben so gestalten, wie Sie es sich wünschen.

Finanzen/Geschäfte: Bevor Sie mit neuen Plänen, die all Ihre Zeit, Energie und vielleicht eine Menge Ihres hart erarbeiteten Kapitals schlucken, hervortreten, prüfen Sie erst einmal nach, ob die zugrundeliegenden Berechnungen stimmen. Sind Sie sich da wirklich sicher?

Liebe/Zuneigung: Es ist mehr an Ihnen dran, als man mit dem bloßen Auge erkennen kann, und Ihr Partner wird über Pläne, die Sie für Sie beide gemacht haben, freudig überrascht sein.

512 – Käfer Sonne Blitz

Allgemeine Situation: Wie sehr es auch darauf ankommt, daß Sie Ihre Arbeit so schnell wie möglich erledigen – seien Sie trotzdem sorgfältig! Vor allem im Umgang mit Maschinen. Unfälle sind schnell passiert, also passen Sie auf.

Finanzen/Geschäfte: Halten Sie Ihre finanziellen Transaktionen innerhalb bestimmter Grenzen, die Sie sich leisten können. Überschreiten Sie sie nicht. Die Versuchung wird sehr groß sein. Widerstehen Sie!

Liebe/Zuneigung: Werfen Sie nicht alles dadurch über den Haufen, daß Sie völlig ichbezogen nur in Ihrer eigenen Gedankenwelt leben und die andern nicht beachten. Es könnte leicht zu Streitereien mit Ihrem Partner kommen.

511 – Käfer Sonne Schnecke

Allgemeine Situation: Gesundheitlich fühlen Sie sich wesentlich besser als noch vor kurzer Zeit. Nutzen Sie diese wiedererlangte Vitalität, vielleicht hält sie nicht lange an.

Finanzen/Geschäfte: Sie genießen in Ihrem Beruf ein erstklassiges Ansehen, und Ihre Zukunftsaussichten sind ebenfalls gut. Verderben Sie sich dies nicht dadurch, daß Sie fünf gerade sein lassen und gedankenlose Fehlurteile abgeben.

Liebe/Zuneigung: Überstürzen Sie nichts, und gehen Sie keine voreiligen Verpflichtungen ein, die Sie später bereuen könnten. Sie haben genügend Zeit, um zu überlegen und sicherzugehen, daß jede Entscheidung, die Sie treffen, richtig sein wird.

466 – Hufeisen Wegkreuzung Obstbaum

Allgemeine Situation: Alle Pläne, die Sie im Hinblick auf häusliche Veränderungen oder sogar für einen Ortswechsel erwägen, werden sich als richtig erweisen. Trotzdem werden Sie anfänglich wohl einige Rückschläge erleiden. Lassen Sie sich dadurch nicht aus der Bahn werfen.

Finanzen/Geschäfte: Günstige Zeit, um einige kleine finanzielle Risiken einzugehen. Es müssen jedoch wirklich kleine sein. Alle größeren finanziellen Auslagen sind im Augenblick nicht ratsam.

Liebe/Zuneigung: Sie werden eine Überraschung erleben und eine erfreuliche dazu. Ihr Partner hat diesen Schachzug schon längere Zeit vorbereitet, um sicherzugehen, daß er Ihre Anerkennung findet.

465 – Hufeisen Wegkreuzung Becher

Allgemeine Situation: Sie werden eine Einladung von jemandem erhalten, den Sie erst kürzlich getroffen haben. Vielleicht auf einer Party oder einem ähnlichen gesellschaftlichen Anlaß. Gehen Sie hin – Ihnen werden bestimmt die Augen aufgehen.

Finanzen/Geschäfte: Es kann Spaß machen, von Zeit zu Zeit mehr Geld für Essen und Trinken auszugeben, aber bei Ihnen ist es schon zur Gewohnheit geworden. Passen Sie ein bißchen mehr auf Ihr Geld auf.

Liebe/Zuneigung: Für Verheiratete ist dies ein glücklicher Lebensabschnitt mit vielen Feiern und Unternehmungen. Alleinstehende könnten bei einem gelegentlichen Drink jemanden treffen, der in ihrem Leben sehr wichtig werden könnte.

464 – Hufeisen Wegkreuzung Schlüssel

Allgemeine Situation: Durch eine Glückssträhne befinden Sie sich bei einem sehr guten Angebot auf der Nehmerseite.

Das könnte den Neid Ihrer Freunde hervorrufen, löst aber viele Ihrer Sorgen auf einen Schlag.

Finanzen/Geschäfte: Sie werden bald in der Lage sein, sich etwas zu kaufen, woran Ihr Herz hängt und wofür Sie die vergangenen Jahre gespart haben. Das zusätzliche Geld kommt von einer Lotterie, einem kleinen Gewinn im Spiel oder sogar von einem guten Tip beim Pferderennen.

Liebe/Zuneigung: Sie und Ihr Partner werden nun endlich in der Lage sein, Ihre Differenzen zu beseitigen. Ihre Beziehung wird fester und dauerhafter werden.

463 – Hufeisen Wegkreuzung Leiter

Allgemeine Situation: Glück, Gesundheit und Energie sind momentan auf Ihrer Seite. Es ist an der Zeit, Entscheidungen zu treffen, die sich als Wendepunkte in Ihrem Leben herausstellen könnten. Je nachdem, wie Sie sich entscheiden, könnte es auch sein, daß Sie auf der Erfolgsleiter nach oben steigen. Wenden Sie den Zufall zum Vorteil.

Finanzen/Geschäfte: Wenn Sie schon immer mal die Gelegenheit wahrnehmen wollten, aber davor zurückgeschreckt sind – zögern Sie diesmal nicht, Einsätze und Risiken zahlen sich bestimmt aus. Eine überraschende Beförderung oder ein plötzlicher Kapitalzuwachs steht Ihnen bevor.

Liebe/Zuneigung: Die ganze Welt ist rosarot – Glück, Lachen und Zuneigung überall. Für Alleinstehende ist es gerade eine günstige Zeit, um Zukunftspläne zu schmieden.

462 – Hufeisen Wegkreuzung Blitz

Allgemeine Situation: Etwas völlig Unvorhergesehenes wird die Vorrichtungen, die Sie getroffen haben, zunichte machen. Widersetzen Sie sich nicht – Sie werden bald erkennen, daß sich dahinter eine günstige Fügung verbirgt.

Finanzen/Geschäfte: Haben Sie ein Auge auf den Mitarbeiter einer Konkurrenzgesellschaft. Er könnte als Industriespion tätig sein. Es könnte sehr ärgerlich für Sie werden, wenn Sie feststellen müßten, daß Ihre Pläne kopiert wurden.

Liebe/Zuneigung: Hören Sie auf, über eine vergangene Episode nachzubrüten. Sie ist zwar nicht vergessen, aber doch vergeben. Wachen Sie aus dieser Niedergeschlagenheit auf, und tun Sie etwas Positives.

461 – Hufeisen Wegkreuzung Schnecke

Allgemeine Situation: Geduld ist eine Tugend, die Ihnen zu fehlen scheint. Ärgern Sie sich nicht immer so über Verspätungen – sie können manchmal ebenso für Sie wie gegen Sie arbeiten.

Finanzen/Geschäfte: Wenn Sie Geld haben, das Sie für mehrere Jahre in eine langfristige Investition stecken können, ohne daß es Ihnen an Arbeitskapital mangelt, dann investieren Sie. Kurzfristige Investitionen sehen nicht so erfolgversprechend aus.

Liebe/Zuneigung: »Geben und Nehmen« ist es, was eine Beziehung am Leben erhält, aber es scheint, daß Sie mehr genommen haben, als Ihnen zusteht. Es ist an der Zeit, diese Situation umzukehren.

456 – Hufeisen Katze Obstbaum

Allgemeine Situation: Alles, worauf Sie sich eingelassen haben, wird Ihnen und Ihrer Familie zugute kommen. Eine Gelegenheit, etwas Neues auszuprobieren, wird Ihnen Vorteile bringen.

Finanzen/Geschäfte: So wie die Dinge stehen, darf man es sich nicht mit Ihnen verderben. Auf Dauer werden Sie es sich leisten können, einige Verbesserungen an Ihrem Haus vorzunehmen, die seinen Wert steigern.

Liebe/Zuneigung: Bleiben Sie so, wie Sie sind – so lieben Sie Ihr Partner und Ihre Freunde, und deshalb sind Sie ja auch so glücklich und zufrieden.

455 – Hufeisen Katze Becher

Allgemeine Situation: Nun, nachdem Sie es soweit gebracht haben, daß alle Ihre Interessen gedeihen, haben Sie und Ihre Familie, die Ihnen beigestanden hat, eine Belohnung verdient. Geben Sie eine Party, um sich zu bedanken, oder führen sie alle zum Essen aus.

Finanzen/Geschäfte: Die Idee, in die Unterhaltungsindustrie zu investieren, ist nicht unbedingt gut – in Ihrem Fall könnte sie jedoch Gewinn bringen. Sie könnten sogar in Erwägung ziehen, einen Landgasthof zu übernehmen, zusammen mit Ihrer Familie, oder ein kleines Bistro in der Stadt zu eröffnen.

Liebe/Zuneigung: Auch Ihr Partner sollte etwas von dem Glück haben, das Ihnen neulich zuteil wurde – oder das Sie noch erwartet. Sie beide haben es verdient, einen Abend miteinander auszugehen.

454 – Hufeisen Katze Schlüssel

Allgemeine Situation: Durch einen Glücksfall werden Sie bald einer geheimen Sorge enthoben, die Sie lange vor Ihrer Familie verborgen haben. Dann können Sie wieder mit der alten Liebenswürdigkeit Sie selbst sein.

Finanzen/Geschäfte: Es ist an der Zeit, Ihre finanzielle Situation durch Ausweitung der Geschäftsinteressen und durch neue Geschäftszweige zu verbessern. Es liegt an Ihnen, die Initiative zu ergreifen.

Liebe/Zuneigung: Wenn familiäre Sorgen und Verantwortungen zu stark auf Ihnen gelastet haben, versuchen Sie, sich in Ihrem ausgefüllten Tag etwas Zeit zu schaffen, um mit Ihrem Partner allein zu sein. Sie brauchen beide etwas freie Zeit zur Erholung.

453 – Hufeisen Katze Leiter

Allgemeine Situation: Die Zeit ist günstig, Ihre Hoffnung in Realitäten zu verwandeln. Gehen Sie mit der Zeit, und lenken Sie alle Ihre Energie auf die Verwirklichung Ihres Ziels. Gehen Sie voran, und warten Sie nicht erst auf die Zustimmung Ihrer Familie.

Finanzen/Zuneigung: Sie haben sich ein wenig gehenlassen. Strengen Sie sich ein bißchen mehr an. Verhindern Sie, daß Vertrautheit in Geringschätzung umschlägt. Ihr Partner wird Ihr Bemühen sicher schätzen.

452 – Hufeisen Katze Blitz

Allgemeine Situation: Ziehen Sie sich nicht den Zorn Ihrer ganzen Familie zu, nur weil Sie aus einer Augenblickslaune heraus handeln und einen dummen Fehler begehen. Sprechen Sie Ihre Pläne vorher ab, und alle werden zufrieden sein.

Finanzen/Geschäfte: Riskieren Sie nicht Ihr gesamtes, hart erarbeitetes Geld für ein schnelles Geschäft oder einen unüberlegten Kauf. Sie sollten sicher sein, daß Sie im Besitz aller Fakten sind und genügend Zeit hatten, alles gründlich zu überlegen, bevor Sie handeln.

Liebe/Zuneigung: Sie sollten versuchen, ein wenig mehr auf Ihren Partner zuzugehen, wenn Sie seine Zuneigung nicht verlieren wollen. Ein kleines Geschenk, um Ihre Wertschätzung auszudrücken, könnte zeigen, daß Sie nicht alles für selbstverständlich halten.

451 – Hufeisen Katze Schnecke

Allgemeine Situation: Es ist Zeit, daß Sie eine Pause machen und sich etwas Zeit zum Nachdenken nehmen. Ein paar faule Tage daheim werden Sie schnell wieder in Form bringen.

Finanzen/Geschäfte: Geschäftliche Angelegenheiten sollten sorgfältig überlegt, geplant und erst dann ausgeführt werden, statt sie aus einer unüberlegten Augenblickslaune heraus zu entscheiden. Das würde Ihnen nur Probleme bereiten.

Liebe/Zuneigung: Es würde nicht weh tun, wenn Sie Ihrem Partner etwas mehr Zuneigung oder zumindest Beachtung schenken würden. Übertreiben Sie nicht, man könnte sonst glauben, Sie sind auf etwas aus.

446 – Hufeisen Messer Obstbaum

Allgemeine Situation: Prüfen Sie, ob Ihr Haus samt Hausrat ausreichend versichert ist. Überprüfen Sie außerdem, ob alle Fenster und Türen ausreichend geschützt sind. Es passieren eine Menge Diebstähle, und Sie wollen doch sicher nicht zu den Opfern zählen.

Finanzen/Geschäfte: Behalten Sie die Details Ihrer finanziellen Lage für sich. Einige Leute in Ihrer Umgebung sind nicht ehrlich und könnten versuchen, Sie um Ihr hart verdientes Geld zu erleichtern, wenn sie die Gelegenheit dazu bekämen.

Liebe/Zuneigung: Gibt es einen Rivalen um die Gunst Ihres Partners? Machen Sie im Augenblick nichts, denn es könnte eine harmlose Sache sein, aber bereiten Sie sich darauf vor zu reagieren, wenn es notwendig sein sollte.

445 – Hufeisen Messer Becher

Allgemeine Situation: Ihre Zukunft scheint erfolgreich zu sein, aber zählen Sie Ihre Schäfchen nicht zu früh, denn es ist noch nicht an der Zeit, unbekümmert dahinzuleben. Was könnten Ihre Freunde Ihnen verschweigen?

Finanzen/Geschäfte: Geschäft und Vergnügen vertragen sich nicht, vor allem im Augenblick – das sollten Sie wissen. Sie müssen beides wirklich streng voneinander trennen, wenn Sie wollen, daß Ihre Pläne Erfolg haben.

Liebe/Zuneigung: Alle Streitereien müssen aufhören. Diese kleinen Eifersüchteleien sind wirklich die Aufregung nicht wert. Keine Beziehung ist vollkommen, und je früher Sie das erkennen, desto eher werden Sie fähig sein, die Dinge wieder ins rechte Lot zu bringen.

444 – Hufeisen Messer Schlüssel

Allgemeine Situation: Es war letztendlich ein Segen für Sie, daß Sie die Gelegenheit verpaßt haben, selbst wenn Sie es im Augenblick noch nicht einsehen können. Die Sache wäre sehr riskant gewesen. Verzweifeln Sie nicht, denn eine neue Gelegenheit wird sich Ihnen bieten, die viel eher auf Ihrer Linie liegt.

Finanzen/Geschäfte: Passen Sie auf Reibereien zwischen zwei Ihrer Arbeitskollegen auf. Tun Sie Ihr Bestes, um die Angelegenheit zwischen den beiden zu schlichten. Es könnte sonst sein, daß sie mit ihrem Gezänk Ihre wohldurchdachten Pläne über den Haufen werfen.

Liebe/Zuneigung: Das einzig Gute an Streitereien ist die Versöhnung danach. Wenn Sie Streit vermeiden wollen, dann versuchen Sie, etwas offener gegenüber Ihrem Partner zu sein, und erklären Sie ihm, was Sie vorhaben.

443 – Hufeisen Messer Leiter

Allgemeine Situation: Im großen und ganzen sieht die Lage vielversprechend aus. Es wäre jedoch nicht gut für Sie, zu viele Risiken einzugehen, Sie könnten sonst zu Schaden kommen. Eine kleine, vorsichtige Zukunftsplanung wäre hilfreich.

Finanzen/Geschäfte: Eine höchst unerwartete Person, jemand, von dem Sie nicht einmal geträumt hätten, steht Ihnen zur Seite und hat Sie für höhere Aufgaben im Auge. Machen Sie das Beste aus dieser goldenen Gelegenheit.

Liebe/Zuneigung: Sie müssen versuchen, bei den Mängeln Ihres Partners etwas toleranter zu sein. Hören Sie auf, ihn zu kritisieren, und seien Sie ein wenig hilfreicher.

442 – Hufeisen Messer Blitz

Allgemeine Situation: Bremsen Sie Ihren Enthusiasmus etwas, wenn Sie ärgerliche Verzögerungen und Rückschläge vermeiden wollen. Setzen Sie Ihre guten Ideen erst nach sorgfältiger Planung und Überlegung Schritt für Schritt in die Tat um. Eile mit Weile!

Finanzen/Geschäfte: Ihre geschäftlichen und finanziellen Aussichten sind hervorragend. Verderben Sie sie nicht durch Voreiligkeit oder Nachlässigkeit.

Liebe/Zuneigung: Sie sind ziemlich eifersüchtig, weil Ihr Partner so viele Verpflichtungen und Interessen hat, die Sie nicht teilen. Hören Sie auf, so ablehnend zu sein, und finden Sie statt dessen etwas, das Sie gemeinsam tun können.

441 – Hufeisen Messer Schnecke

Allgemeine Situation: Probleme, die einen älteren Verwandten betreffen, scheinen niemals aufzuhören. Passen Sie auf, daß sich das nicht negativ auf Ihre eigene Gesundheit und Kraft auswirkt. Wenn Sie etwas freie Zeit haben, benützen Sie sie, um etwas anderes zu tun.

Finanzen/Geschäfte: Im Augenblick haben Sie wenig Geldprobleme. Das bedeutet jedoch nicht, daß Sie es sich leisten können, Risiken einzugehen. Überlegen Sie alles sorgfältig, bevor Sie sich entschließen zu handeln.

Liebe/Zuneigung: Es könnte durchaus an Ihnen liegen, wenn Ihr Gefühlsleben etwas langweilig geworden ist. Geben Sie sich einen Ruck, und versuchen Sie etwas Neues.

436 – Hufeisen Herz Obstbaum

Allgemeine Situation: Dies ist eine phantastische Kombination von Symbolen. Alles, was Sie anpacken, wird Erfolg haben. Sie können einfach keinen Fehler machen. Genießen Sie es, solange es dauert.

Finanzen/Geschäfte: Der Augenblick ist günstig, aus sich herauszugehen und etwas in ein Hobby oder für ein persönliches Bedürfnis zu investieren. Alles Geld, das Sie für Haus und Familie ausgeben, ist gut angelegt.

Liebe/Zuneigung: Die Zeit ist günstig für Sie, und alles läuft wie gewünscht. Machen Sie das Beste daraus, und genießen Sie jeden Augenblick.

435 – Hufeisen Herz Becher

Allgemeine Situation: Sie befinden sich in einer Periode, in der es viel Arbeit und viel zu feiern gibt. Unternehmungen mit der Familie oder mit Freunden kündigen sich an.

Finanzen/Geschäfte: Es ist seltsam, wie sich manche Sachen nach dem Schneeballsystem entwickeln. Genau das passiert bei Ihnen momentan. Etwas, das als ein Spiel begonnen hat, wird sich plötzlich ausweiten und dabei eine alarmierende Geschwindigkeit entwickeln.

Liebe/Zuneigung: Versuchen Sie, Geldangelegenheiten für eine Zeitlang zu vergessen, und nehmen Sie sich Zeit für die Liebe und zärtliches Zusammensein. Die tägliche Konkurrenz ist später immer noch da und wartet auf Sie, gerade ist aber Ihre Beziehung wichtiger.

434 – Hufeisen Herz Schlüssel

Allgemeine Situation: Durch einen Glücksfall werden Sie Gelegenheit bekommen, das zu tun, wovon Sie schon immer geträumt haben. Machen Sie Ihre Sache gut, wer weiß, wohin sie Sie führen kann.

Finanzen/Geschäfte: Langzeitpläne werden die Zustimmung eines Freundes finden, der die richtigen Beziehungen hat, um sie voranzutreiben. Das ist eine Gelegenheit des Himmels für Sie, sich ein neues Wirkungsfeld zu erarbeiten.

Liebe/Zuneigung: Ihr Privatleben könnte beinahe nicht besser sein, nicht wahr? Wenn Sie Pläne oder Vorschläge für Ihren Partner haben, so ist es jetzt an der Zeit, mit ihm darüber zu sprechen.

433 – Hufeisen Herz Leiter

Allgemeine Situation: Aufgrund eigener harter Arbeit machen Sie große Schritte in Richtung auf Ihr persönliches Ziel voran. Dies ist eine sehr lohnende Erfahrung, obwohl sich der Erfolg nicht augenblicklich einstellt.

Finanzen/Geschäfte: Der Erfolg eines wichtigen und nach Meinung einiger Leute ziemlich ehrgeizigen Projektes ist ziemlich sicher. Sie müssen jedoch doppelt vorsichtig sein, daß Ihre Berechnungen stimmen, bevor Sie auf ihnen aufbauen.

Liebe/Zuneigung: Wenn Ihr Partner mit etwas liebäugelt, was ihm sicher großen Spaß machen würde – warum versuchen Sie nicht, es als Überraschung für ihn zu bekommen. Jedoch nur, wenn es finanziell möglich ist.

432 – Hufeisen Herz Blitz

Allgemeine Situation: Plötzliches Glück von völlig unerwarteter Seite hat zur Folge, daß Sie einige Ihrer Pläne leicht abändern müssen. Sichern Sie zuerst ab, daß Ihre Familie versteht, was Sie tun wollen, sonst könnte es zu Reibereien kommen.

Finanzen/Geschäfte: Obwohl es sonst nicht ratsam ist, könnten Sie dieses Mal eine Ausnahme machen und auf ein Pferd wetten, das den Namen eines Mitglieds Ihrer Familie trägt. Lassen Sie es aber nicht zur Gewohnheit werden.

Liebe/Zuneigung: Eine impulsive Handlung Ihrerseits könnte ein wenig Glanz in Ihr Leben bringen. Sie bereitet Ihnen Freude und Ihrem Partner ein paar Überraschungen.

431 – Hufeisen Herz Schnecke

Allgemeine Situation: Das Glück scheint Ihnen hold zu sein, und Ihr Riecher in Gelddingen beweist sich in allem, was Sie anfassen. Herzensangelegenheiten stehen ebenfalls unter einem guten Stern, und Sie werden mit Liebe und Zuneigung umhegt. Passen Sie aber auf Ihre Gesundheit auf. Nehmen Sie sich nicht zu viele Freiheiten heraus, und brennen Sie die Kerze nicht an beiden Enden an. Glück und Liebe tun Ihnen nicht gut, wenn Sie sich zu müde fühlen, sie zu genießen.

Finanzen/Geschäfte: Vorausgesetzt, Sie vermeiden überstürzte Entscheidungen, dann kann momentan nichts schiefgehen. Nicht nur Ihre Pläne sind erfolgreich, sondern Sie haben auch vollkommene Rückendeckung und Unterstützung bei Ihren Kollegen. Wenn Sie sorgfältig kalkulieren, können Sie sogar ein geschäftliches Risiko eingehen.

Liebe/Zuneigung: Mit Ihrer Familie erwartet Sie eine glückliche, liebevolle Zeit. Zwischen Ihnen und Ihrem Partner entsteht ein ausgewogenes Liebesverhältnis, gerade als Sie dachten, daß die Beziehung ein wenig flach wird.

426 – Hufeisen Storch Obstbaum

Allgemeine Situation: Sie werden bald in eine sehr kreative Phase Ihres Lebens eintreten, in der Sie einige neue Ideen vorantreiben sollten, egal wie ausgefallen sie auch scheinen mögen. Einige werden sicherlich Früchte bringen.

Finanzen/Geschäfte: Ihr Hauptproblem in der kommenden Zeit wird sein, ein wenig freie Zeit zu finden, um etwas von dem Geld zu genießen, das Sie so eifrig verdienen. Sie werden das Vergnügen haben, sagen zu können: »Es ist alles meiner Hände Arbeit.«

Liebe/Zuneigung: Sie und Ihr Partner sollten Ihre Talente zusammentun; gemeinsam ergeben sie, wenn sie in die richtige Richtung gelenkt werden, ein großartiges Ganzes.

425 – Hufeisen Storch Becher

Allgemeine Situation: Wenn Sie keinen besonderen Grund zum Feiern haben, dann müssen Sie einen erfinden. Es ist nicht die Zeit, um zu Hause zu sitzen.

Finanzen/Geschäfte: Werfen Sie jetzt nicht das Handtuch, wenn nicht alles nach Plan geht. Überdenken Sie die Lage noch einmal, und vielleicht sind Sie nach ein oder zwei kleinen Veränderungen bereit zu einem neuen Versuch. Ein Durchbruch kündigt sich an.

Liebe/Zuneigung: Alles in allem eine hektische, aber schöne Zeit.

424 – Hufeisen Storch Schlüssel

Allgemeine Situation: Die längst fällige Glückssträhne kündigt sich an.

Finanzen/Geschäfte: Sie tun gut daran, alle Zusammenhänge zu überprüfen, wenn Sie ein sehr großzügiges Angebot wahrnehmen. Wenn Sie Ihrem eigenen Geschäftssinn nicht trauen, suchen Sie den Rat eines Experten.

Liebe/Zuneigung: Diesmal sind Sie auf sich selbst gestellt. Ihr Partner kann nichts für Sie tun, außer Ihnen zuzuhören, wenn es nötig ist. Machen Sie davon Gebrauch.

423 – Hufeisen Storch Leiter

Allgemeine Situation: Glück in Verbindung mit kreativen Fähigkeiten ermöglicht Ihnen die Verwirklichung eines bestimmten Ziels. Sorgfältige Planung ist der Schlüssel zum problemlosen Gelingen.

Finanzen/Geschäfte: Um zu etwas Kapital zu gelangen, wäre es nötig, ein oder zwei Risiken einzugehen. Ihre ziemlich dürftigen Pläne müssen noch ein wenig durchdacht werden, bevor Sie an die Realisierung denken können.

Liebe/Zuneigung: Anstatt nur herumzusitzen und sich zu langweilen, brauchen Sie beide ein Ziel, um Ihre Energien loszuwerden. Stecken Sie Ihre Köpfe zusammen, und schauen Sie, was Ihnen einfällt.

422 – Hufeisen Storch Blitz

Allgemeine Situation: Wenn Sie gezwungen sind, unter Druck zu arbeiten, sind Sie sehr kreativ. Machen Sie nichts halbherzig, denn es gibt keine halben Maßstäbe. Sie werden aus dieser Sache zwar keinen finanziellen Gewinn ziehen, aber Ihr Ruf verbessert sich gewiß.

Finanzen/Geschäfte: Lassen Sie Ihre »ehrgeizige Ader« nicht so spüren. Jemand, der sich in einer höheren Position befindet, könnte um seinen Arbeitsplatz besorgt sein und deshalb auf ein paar schlaue Tricks zurückgreifen, um sicherzugehen, daß Sie dort blieben, wo Sie sind.

Liebe/Zuneigung: Obwohl Sie einen Kollegen des anderen Geschlechts sehr anziehend finden, sollte es doch ein Fall von distanzierter Bewunderung bleiben. Unternehmen Sie nichts Voreiliges, Sie würden es nur bedauern.

421 – Hufeisen Storch Schnecke

Allgemeine Situation: Sie müssen besser auf sich aufpassen. Sie können keine Spitzenleistungen erwarten, wenn Sie sich selbst vernachlässigen.

Finanzen/Geschäfte: Lassen Sie sich vom Druck Ihrer Familie nicht zwingen, ohne Überlegungen eine sehr teure Anschaffung für das Haus zu machen. Nehmen Sie sich Zeit, in mehrere Geschäfte zu schauen und die Preise zu vergleichen. Sie werden erstaunt sein, wie unterschiedlich die Preise ausfallen.

Liebe/Zuneigung: Verbringen Sie einige Zeit allein mit Ihrem Partner, und nutzen Sie die Zeit, um längerfristige Pläne zu machen.

416 – Hufeisen Sonne Obstbaum

Allgemeine Situation: Ihre Zukunftsaussichten könnten kaum besser sein. Ihre Träume werden bald in Erfüllung gehen. Sie sollten mit sich zufrieden sein. Sie fühlen sich in Höchstform. Genießen Sie es.

Finanzen/Geschäfte: Wenn Sie nicht nur die beiden Enden zusammenbringen können, sondern auch noch etwas übriges Geld haben, das Sie in Ihr Haus oder andere Interessen stecken können, dann wird die kommende Zeit Sie sehr reich belohnen. Eine Beförderung zeichnet sich ab.

Liebe/Zuneigung: Achten Sie auf alle Rechnungen, denn Ihr Partner könnte zuviel Geld ausgegeben haben. Es wäre gut, wenn Sie beide gemeinsam Ihre finanzielle Lage durchsprechen würden, damit Sie beide wissen, wieviel Geld Sie für Luxusgegenstände ausgeben können.

415 – Hufeisen Sonne Becher

Allgemeine Situation: Durch einen Glücksfall kann ein riskanter Plan realisiert werden.

Finanzen/Geschäfte: Während eines Essens könnte Ihnen ein sehr interessanter Geschäftsvorschlag unterbreitet werden. Versuchen Sie, sich ein bißchen besser zu informieren, bevor Sie irgendwelche Verpflichtungen eingehen – der Wein könnte Ihnen ja zu Kopf gestiegen sein.

Liebe/Zuneigung: Wenn Sie nirgendwo hingehen, dürfen Sie sich nicht beklagen, daß Sie niemanden kennenlernen. Gehen Sie aus, oder geben Sie selbst mal eine Party. Machen Sie etwas Positives.

414 – Hufeisen Sonne Schlüssel

Allgemeine Situation: Lassen Sie nicht zu, daß Ihre Familie und Ihre Freunde sich rücksichtslos Ihnen gegenüber verhalten. Treten Sie bestimmter auf, und setzen Sie einmal Ihren Willen durch. Werden Sie nicht zum »Jasager«, nur um Ihren Frieden und Ihre Ruhe zu haben.

Finanzen/Geschäfte: Es ist notwendig, daß Sie die Arbeit auch an andere verteilen, damit Sie Ihre ständig anwachsende Arbeitslast bewältigen. Außerdem gewinnen Sie so etwas Zeit für eigene Unternehmungen und Pläne.

Liebe/Zuneigung: Ein Partnerwechsel, der für Alleinstehende einfach zu vollziehen ist, zeichnet sich ab. Überlegen Sie alles sehr sorgfältig, bevor Sie zu einer Entscheidung kommen.

413 – Hufeisen Sonne Leiter

Allgemeine Situation: Fortuna lächelt Ihnen zu, und folglich haben Sie kaum Probleme, das zu erreichen, was Sie schon immer wollten, wie schwierig es auch sein mag. Machen Sie das Beste aus Ihren Möglichkeiten, und vor allem, genießen Sie Ihren Erfolg.

Finanzen/Geschäfte: Sie werden wirklich einen Riesenerfolg erleben, wenn Sie Ihren Daumen am Drücker lassen und genaue Übersicht über die Lage behalten. Wagen Sie den Absprung, und setzen Sie auf Erfolg – Sie werden den Gipfel sicher erreichen.

Liebe/Zuneigung: Sie und Ihr Partner bilden zusammen ein hervorragendes Team, und wenn Sie sich zusammentun, werden Sie ein großes Ziel erreichen.

412 – Hufeisen Sonne Blitz

Allgemeine Situation: Durch eine impulsive Handlung könnte ein völlig neues Leben beginnen. Eine Kette von Ereignissen, die Sie nicht vorausgesehen haben, wird in Bewegung gesetzt. Machen Sie weiter – wagen Sie den Absprung, bevor Sie sich nach etwas anderem umschauen.

Finanzen/Geschäfte: Wenn Sie ehrgeizig sind und im Leben weiterkommen wollen, dann ist es jetzt an der Zeit, daran zu denken, die Karriere zu wechseln. Suchen Sie sich eine Position mit mehr Verantwortung und größeren Aufstiegsmöglichkeiten.

Liebe/Zuneigung: Was immer es war, was Ihren Partner so verblüfft hat – Sie tun gut daran, es schnell wiedergutzumachen. Je länger Sie die Zügel schleifen lassen, desto schwieriger wird es sein, Frieden und Harmonie in Ihrer Partnerschaft wiederherzustellen.

411 – Hufeisen Sonne Schnecke

Allgemeine Situation: Sie hatten eine ausgefüllte Zeit und müssen dafür dankbar sein. Gönnen Sie sich nun etwas mehr Freizeit, sich zu erholen und die Früchte zu genießen. Vergessen Sie nicht, jenen zu danken, die Ihnen behilflich waren.

Finanzen/Geschäfte: Nutzen Sie die ruhige Periode aus, um den gesamten Papierkram zu erledigen, passen Sie jedoch auf, was Sie schreiben. Vor allem ist Vorsicht angebracht bei Steuerformularen und amtlichen Dokumenten. Sie müssen alles ordentlich erledigen, sonst werden Mißverständnisse vorkommen.

Liebe/Zuneigung: Sie beide benötigen dringend Ferien. Machen Sie eine Pause in Ihrem hektischen Leben, in dem Sie immer gegen die Zeit arbeiten müssen, um alle Dinge zu erledigen. Etwas gemeinsame Zeit, ohne viel zu tun, wäre eine erfreuliche Abwechslung.

366 – Boot Wegkreuzung Obstbaum

Allgemeine Situation: Seien Sie nicht überrascht, wenn man plötzlich von Ihnen verlangt, daß Sie Ihre Koffer packen und schnell irgendwohin fahren sollen. Sie werden herausfinden, daß es einen persönlichen Gewinn für Sie bedeutet, obwohl es sich nicht gerade um Geld dreht.

Finanzen/Geschäfte: Das Erscheinen eines Arbeitsberichts

wird die Wahrheit an den Tag bringen und einer oder zwei Personen die Schamröte ins Gesicht treiben – sehen Sie zu, daß Sie nicht eine davon sind. Zuhörer können alle Arten von Fehlern entdecken.

Liebe/Zuneigung: Es ist Zeit, daß Sie sich ein paar neue Freunde in der Nachbarschaft suchen. Jemand, den Sie auf einer Gesellschaft treffen, wird großen Einfluß auf Ihre Zukunftspläne haben.

365 – Boot Wegkreuzung Becher

Allgemeine Situation: Sie werden einen Brief mit ziemlich unerwarteten Neuigkeiten erhalten. Sie werden einige Pläne neu überdenken müssen und ein oder zwei Verpflichtungen absagen, um Zeit für Überlegungen zu gewinnen.

Finanzen/Geschäfte: Ein Geschäftsvertrag, den Sie vor einiger Zeit abgeschlossen haben und den Sie noch nicht ausnutzen konnten, wird durch einen unerwarteten Telefonanruf wieder erneuert. Verlieren Sie ihn dieses Mal nicht wieder aus den Augen, Sie werden sonst einen bedeutenden Vorsprung einbüßen.

Liebe/Zuneigung: Welch ein Schreck! Jemand aus Ihrer dunklen und düsteren Vergangenheit taucht unerwartet wieder auf. Seien Sie auf der Hut vor Streitereien und vor Eifersucht.

364 – Boot Wegkreuzung Schlüssel

Allgemeine Situation: In der kommenden Zeit werden Sie viele verschiedene und interessante Angebote erhalten, und es wird Ihnen schwerfallen zu entscheiden, welches davon Sie annehmen sollen. Vielleicht bekommen Sie sogar Gelegenheit zu verreisen. Prüfen Sie nach, ob Ihr Paß gültig ist.

Finanzen/Geschäfte: Haben Sie ein Auge auf Fremde, von denen Sie das Gefühl haben, daß sie auf irgendeine Art verdächtig sind. Vor allem dann, wenn Sie einige Zeit abwesend sind und Ihren Besitz unbeaufsichtigt lassen. Überprüfen Sie lieber zweimal, ob alle Türen und Fenster sicher geschlossen sind.

Liebe/Zuneigung: Beobachten Sie jemand, der neu in Ihrem Freundeskreis ist. Man könnte Sie für die Lösung aller Probleme halten und Ihnen böse Überraschungen bereiten.

363 – Boot Wegkreuzung Leiter

Allgemeine Situation: Wenn Sie ehrgeizig sind, dann nehmen Sie eine überraschende Gelegenheit wahr, die sich Ihnen bald bieten wird – sie könnte Sie zu Größerem führen und letzten Endes höchst erfreulich sein.

Finanzen/Geschäfte: Es ist an der Zeit herauszufinden, was Geschäftskonkurrenten vorhaben – Sie müßten sich sonst auf einen Schock gefaßt machen. Versuchen Sie, mehr Informationen herauszubekommen, und betreiben Sie Feldstudien, wenn Sie sich auf der Höhe der gängigen Trends halten wollen.

Liebe/Zuneigung: Wer nichts wagt, der nichts gewinnt. Versuchen Sie, die Angelegenheiten zwischen sich und Ihrem Partner durch einen Telefonanruf oder vielleicht ein kleines Geschenk zu klären. Sie sind mit Ihrer Partnerschaft an einem Scheideweg angekommen, und es liegt an Ihnen zu entscheiden, welchen Weg Sie einschlagen werden.

362 – Boot Wegkreuzung Blitz

Allgemeine Situation: Es ist Zeit zu handeln, und Sie sollten sich in Bewegung setzen. Warum machen Sie keinen Überraschungsbesuch bei Freunden oder Verwandten, die Sie lange nicht gesehen haben? Andernfalls gibt es einige Briefe oder Telefonanrufe, die schon längst erledigt sein sollten.

Finanzen/Geschäfte: Passen Sie auf, daß Sie durch die anwachsende Arbeitslast nicht sorglos werden. Sie dürfen in Ihrer Arbeit nicht schludern und zweitklassige Leistungen bieten. Bereiten Sie sich auf einen Brief mit unerwarteten Neuigkeiten vor.

Liebe/Zuneigung: Machen Sie Ihrem Partner nicht zu schnell Vorwürfe, wenn ein oder zwei Sachen schiefgehen. Es könnte auch Ihr Fehler sein. Sie müssen toleranter und geduldiger werden.

361 – Boot Wegkreuzung Schnecke

Allgemeine Situation: Wenn Sie eine Reise planen, wie lang sie auch sein mag, machen Sie sich auf Verzögerungen und Verspätungen gefaßt. Für alle Fälle wäre es besser, etwas früher als notwendig aufzubrechen.

Finanzen/Geschäfte: Gehen Sie jetzt weder geschäftlich noch mit Ihrem Privatvermögen irgendwelche Risiken ein. Es wäre besser, eine Zeitlang auf der Stelle zu treten, bis sich die wirtschaftliche Lage wieder gebessert hat. Nutzen Sie die Zeit, um neue Pläne zu entwickeln, die dann später ausgeführt werden können.

Liebe/Zuneigung: Machen Sie sich vor Fremden nicht unmöglich. Ihr Partner könnte sich über Ihr Verhalten ärgern oder peinlich berührt fühlen. Denken Sie nach, bevor sie handeln.

356 – Boot Katze Obstbaum

Allgemeine Situation: Eine Nachricht, die Sie von einem nahen Verwandten erhalten, wird für Sie von beachtlicher Bedeutung sein. Wenn Sie klug handeln, werden Sie daraus Nutzen ziehen können.

Finanzen/Geschäfte: Prüfen Sie Ihre Finanzen sorgfältig, denn Sie könnten aufgrund eines neulich getätigten Kaufs Ihr Konto überzogen haben. Überprüfen Sie ebenso, ob ein wichtiger Brief unbemerkt oder unbeantwortet geblieben ist. Sie könnten so Geld sparen.

Liebe/Zuneigung: Tagträume über das, was sein könnte, sind gut und schön, aber Ihre ständige »Kopf-in-den-Wolken«-Haltung könnte ziemlich ärgerlich für Ihren Partner sein. Wenn Sie der Idee nachhängen, Ferien zu machen oder Ihr Haus zu verschönern, dann tun Sie zur Abwechslung einmal etwas dafür.

355 – Boot Katze Becher

Allgemeine Situation: Es gibt keinen besseren Zeitpunkt, das Leben zu genießen, als gerade im Augenblick. Aber genießen Sie es nicht allein, lassen Sie Ihre Familie auch teilhaben. Planen Sie ein Treffen, ein Ferienwochenende oder auch einen Kinoabend oder ein Essen in einem Restaurant. Sie werden sicherlich eine schöne Zeit verbringen.

Finanzen/Geschäfte: Gute Nachrichten, die sowohl Ihnen

als auch Ihrer Familie finanziellen und gesellschaftlichen Erfolg bringen werden. Etwas, das Sie beinahe für unmöglich gehalten haben, wird sich nun mit relativer Leichtigkeit verwirklichen lassen.

Liebe/Zuneigung: Machen Sie sich darauf gefaßt, daß Ihr gesellschaftliches Leben auf Hochtouren kommt. Sie treffen eine Menge neuer und aufregender Leute, und es gibt viel zu tun. Eine Reise ins Ausland kündigt sich an.

354 – Boot Katze Schlüssel

Allgemeine Situation: Das Leben kann wirklich das sein, was Sie daraus machen, denn momentan geht bei Ihnen alles nach Wunsch – günstige Gelegenheiten, glückliche Zufälle, Rückhalt in der Familie und Anerkennung. Gehen Sie sorgfältig vor, und Sie können kaum scheitern.

Finanzen/Geschäfte: Ihre geschäftlichen Aussichten für die nächste Zeit sind hervorragend. Bereiten Sie sich jedoch darauf vor, daß Sie ein Opfer bringen müssen, das eine schwierige Entscheidung voraussetzt, anstatt jede Gelegenheit, die sich Ihnen bietet, voll ausnützen zu können.

Liebe/Zuneigung: Sie sollten von jeder noch so leichten Veränderung Ihres Partners, sei sie innerlich oder äußerlich, Notiz nehmen. Reden Sie darüber, denn es gibt bestimmt einen Grund für die Veränderung.

353 – Boot Katze Leiter

Allgemeine Situation: Wenn Sie etwas erreichen wollen, dürfen Sie nicht erwarten, daß die guten Gelegenheiten bei

Ihnen an die Türe klopfen. Sie müssen aus sich herausgehen und sich selbst bei anderen ins Gespräch bringen. Das Potential ist vorhanden. Sie müssen es nur zu nutzen wissen.

Finanzen/Geschäfte: Es wäre gut zu versuchen, ob Ihre Familie bereit ist, Ihnen finanziell unter die Arme zu greifen, damit Sie ein neues Projekt in Angriff nehmen können. Seien Sie nicht zu stolz zu fragen.

Liebe/Zuneigung: Ihre Familie wird in nächster Zeit auf die eine oder andere Art sehr stark in Ihre persönlichen Angelegenheiten verstrickt werden. Aber denken Sie daran, daß es einige Sachen gibt, die man besser für sich behält.

352 – Boot Katze Blitz

Allgemeine Situation: Wenn Sie spontane Ferienpläne machen, könnten Sie sich leicht ins eigene Fleisch schneiden, denn andere haben vielleicht andere Pläne. Sprechen Sie sich zuerst mit anderen ab.

Finanzen/Geschäfte: Wenn Sie von einem Verwandten um finanzielle Unterstützung gebeten werden, so sollten Sie diese Angelegenheit mit großer Sorgfalt behandeln. Falscher Idealismus von Ihrer Seite könnte etwas in Gang bringen, das Sie später bedauern.

Liebe/Zuneigung: Tun Sie etwas Impulsives. Überraschen Sie Ihren Partner mit einem »Nichtgeburtstagsgeschenk«, oder führen Sie ihn einen Abend aus, um den Geburtstag Ihrer Katze zu feiern. Alles ist erlaubt, was aus dem alltäglichen Rahmen fällt.

351 – Boot Katze Schnecke

Allgemeine Situation: Ein wenig Sonne tanken könnte genau das sein, was Sie im Augenblick brauchen, um auszuspannen und neue Energie zu schöpfen. Lassen Sie Haus und Familie ein paar Tage hinter sich, und nehmen Sie sich Zeit zum Nachdenken. Wenn Sie beim besten Willen nicht fort können, dann stöpseln Sie das Telefon aus und versuchen Sie, für kurze Zeit alles zu vergessen.

Finanzen/Geschäfte: Seien Sie vorsichtig, wenn Sie amtliche Dokumente unterschreiben, besonders wenn sie Ihr Haus oder Ihren persönlichen Besitz betreffen. Wenn Sie etwas nicht verstehen, so müssen Sie sich zur Aufgabe machen, es herauszufinden. Wenn Ihnen etwas nicht gefällt, bitten Sie um zusätzliche Zeit, damit Sie alles noch einmal durchdenken können. Vermeiden Sie voreilige Entscheidungen.

Liebe/Zuneigung: Machen Sie keine überstürzten Pläne in Fragen, die Ihr Privatleben betreffen. Überlegen Sie alles sehr gründlich und achten Sie darauf, daß Ihnen alle Fakten bekannt sind, bevor Sie zu einer Entscheidung kommen.

346 – Boot Messer Obstbaum

Allgemeine Situation: Es wäre ratsam, daß Sie Ihre Pläne von einer dritten Person überprüfen lassen – besonders wenn es sich um Reisepläne dreht. Ein Telefonanruf könnte Ihnen später viel Unruhe und Ärger ersparen.

Finanzen/Geschäfte: Delegieren Sie Dinge, für die Sie die Verantwortung tragen, nicht an andere, denn sie könnten nicht so gewissenhaft sein wie Sie. Es gibt einen unter Ihren Kollegen, der sich sehr freuen würde, wenn Sie einen Fehler machen.

Liebe/Zuneigung: Sehen Sie zu, daß jede Nachricht, die Sie Ihrem Partner hinterlassen, klar und deutlich ist. Sie werden sonst nach Ihrer Rückkehr feststellen, daß er böse auf Sie ist. Ein bißchen mehr Überlegung könnte unnötige Streitereien vermeiden.

345 – Boot Messer Becher

Allgemeine Situation: Eine überraschende Einladung zu einer Party oder einer Feier ist nicht so harmlos, wie es zuerst aussieht. Wenn Sie die Einladung annehmen, sollten Sie Ihre Weisheiten für sich behalten, wenn Sie nicht enttäuscht werden wollen.

Finanzen/Geschäfte: Achten Sie sorgfältig auf das Menü, wenn Sie auswärts mit einem Geschäftspartner oder Kunden essen gehen. Halten Sie sich an das, was Sie kennen, vor allem, wenn es sich um fremde Küche handelt.

Liebe/Zuneigung: Wenn die Verständigung zwischen Ihnen und Ihrem Partner langsam, aber sicher eingeschlafen oder einsilbig geworden ist, warum gehen Sie dann nicht mal miteinander zum Essen aus, um die Angelegenheit wieder in Ordnung zu bringen. Sie können Probleme erst dann lösen, wenn Sie darüber gesprochen und die Ursache herausgefunden haben.

344 – Boot Messer Schlüssel

Allgemeine Situation: Sie sollten sich alles sorgfältig überlegen, bevor Sie in ein neues Unternehmen einsteigen. Besonders dann, wenn es sich scheinbar um eine vom Himmel gesandte Gelegenheit zur Lösung persönlicher Probleme handelt. Es ist wirklich leichter zu scheitern, als Erfolg zu haben. Darum überlassen Sie nichts dem Zufall.

Finanzen/Geschäfte: Augenblicklich ist es günstig, einen Berufswechsel in Betracht zu ziehen, vor allem, wenn Sie für eine stark politisch strukturierte Organisation gearbeitet haben. Überstürzen Sie nichts, schauen Sie sich jedoch nach anderen Möglichkeiten um.

Liebe/Zuneigung: Ferienromanzen sind gut und schön und können auch viel Spaß machen, wenn Sie sich nicht zu sehr darauf einlassen. Andere können genausogut wie Sie Theater spielen, um ihre Mitmenschen zu beeindrucken. Lassen Sie sich nicht zum Narren halten.

343 – Boot Messer Leiter

Allgemeine Situation: Behalten Sie das Wichtigste für sich, vor allem, wenn es Ihr persönliches Fortkommen betrifft. Wenn Sie jemand anderes ins Vertrauen ziehen, laufen Sie Gefahr, sich Ihre Pläne zu verderben.

Finanzen/Geschäfte: Wenn Sie ein Spiel wagen, vor allem mit eigenem Geld, vergewissern Sie sich erst, daß Sie es sich leisten können zu verlieren. Neue Projekte könnten eine große Summe verschlingen. Investieren Sie nicht voreilig und glauben Sie nicht alles, was man Ihnen erzählt. Überprüfen Sie zuerst alles selbst.

Liebe/Zuneigung: Seien Sie bereit, Ihre Gefühle in einer persönlichen Beziehung zu offenbaren, selbst wenn Diskussionen und Streitigkeiten daraus entstehen. Seien Sie nicht ängstlich. Sie müssen für saubere Luft sorgen, um herauszufinden, ob das, was zwischen Ihnen und Ihrem Partner besteht, von wirklichem Wert ist.

342 – Boot Messer Blitz

Allgemeine Situation: Aufgrund eines Briefs oder eines Telefonanrufs werden Sie bald eine Reise unternehmen müssen. Sie werden das vielleicht ärgerlich finden, aber die Reise ist von allergrößter Bedeutung.

Finanzen/Geschäfte: Wegen problematischer Geschäftsverbindungen werden Sie ein paar kürzere Reisen unternehmen müssen. Machen Sie sich darauf gefaßt, auf Ihrer Reise unangenehme Leute zu treffen.

Liebe/Zuneigung: Führen Sie niemanden in die Irre. Vergewissern Sie sich, daß Sie wirklich wissen, was Sie wollen. Es wäre gedankenlos und wenig einfühlsam, jemanden im letzten Augenblick im Stich zu lassen, nur weil Sie Ihre Meinung geändert haben.

341 – Boot Messer Schnecke

Allgemeine Situation: Sie müssen etwas langsamer machen, wenn Sie nicht wollen, daß Ihre Gesundheit durch zuviel Arbeit in Mitleidenschaft gezogen wird. Versuchen Sie, sich Ihre Arbeit so einzuteilen, daß Sie nicht mehr Reisen als nötig machen müssen. Lassen Sie sich in nichts hineinziehen, wovon Sie glauben, daß es Ihre Fähigkeiten übersteigt.

Finanzen/Geschäfte: Sie befinden sich in einer Periode, in der Sie den Kopf in den Sand stecken oder den Kopf ganz niedrig tragen – wenn Sie nicht sogar schon begraben sind. Widerstehen Sie der Versuchung zu investieren, sei die Summe auch noch so gering und Ihr Plan noch so erfolgversprechend.

Liebe/Zuneigung: Ärgern Sie Ihren Partner nicht mit Ihrer

Unrast. Diese Periode wird bald vorübergehen. Sie sollten sich auf gemeinsame Erholung vorbereiten und alles ein wenig leichternehmen.

336 – Boot Herz Obstbaum

Allgemeine Situation: Die Zeit ist günstig, um eine Erinnerungsreise zu unternehmen und alte Freunde und Orte wiederzusehen. Sie könnten sogar etwas über sich selbst lernen.

Finanzen/Geschäfte: Wenn Sie oder Ihre Firma Geld in ausländische Unternehmen gesteckt haben, wäre es angebracht, die politische Lage dieser Länder genau zu beobachten. Sobald Sie Herr der Lage sind, können Sie Ihr Geld entweder zurückziehen oder schnell weiter investieren.

Liebe/Zuneigung: Wenn Sie auf Ihren Partner oder Ihren Schatz einen guten Eindruck machen wollen, sollten Sie jetzt etwas Geld für ihn ausgeben, um Ihre Wertschätzung zu zeigen.

335 – Boot Herz Becher

Allgemeine Situation: Sie könnten jetzt in der Lage sein, etwas zu erreichen, was Sie bis heute für unmöglich gehalten haben. Eine einflußreiche Person könnte Ihnen dabei behilflich sein. Achten Sie auf die Post.

Finanzen/Geschäfte: Eine erfolgreiche geschäftliche Entwicklung, in die Sie miteinbezogen sind, gibt Ihnen viel Grund zum Feiern. Beanspruchen Sie jedoch nicht den ganzen Ruhm für sich allein.

Liebe/Zuneigung: Passen Sie auf, daß Sie sich nicht zu sehr mit Ihren eigenen Erfolgen und Triumphen beschäftigen und darüber Ihren Partner vernachlässigen.

334 – Boot Herz Schlüssel

Allgemeine Situation: Ein Zufall könnte ein Problem lösen, das Ihnen lange Zeit Sorgen bereitet hat. Gelegenheit dazu wird sich bieten, nachdem Sie einen Brief erhalten haben. Ein Wohnungswechsel ist möglich.

Finanzen/Geschäfte: Eine geschäftige Zeit liegt vor Ihnen. Briefe und Telefonanrufe müssen erledigt werden. Eine Enthüllung könnte Ihnen die Gelegenheit bieten, Geschäft und Vergnügen miteinander zu verbinden. Es könnte sich sogar um einen Berufswechsel drehen.

Liebe/Zuneigung: Eine Nachricht wird Sie dazu bringen, weiter entfernt wohnende Verwandte zu besuchen und familiäre Probleme mit ihnen von Angesicht zu Angesicht zu besprechen. Behalten Sie alte Mißverständnisse nicht für sich. Machen Sie Ihrem Unmut Luft, Sie könnten auch einen falschen Eindruck haben.

333 – Boot Herz Leiter

Allgemeine Situation: Es ist eine günstige Zeit, um Verwandte oder Freunde im Ausland zu besuchen. Außer daß es Ihnen Spaß macht, könnte es Ihnen Einsichten in die Art und Weise geben, wie andere Leute ihre Probleme lösen. Das wiederum wird Ihnen später von Nutzen sein.

Finanzen/Geschäfte: Obwohl dies eine ereignisreiche Zeit

mit vielen neuen Projekten für Sie wird – vergessen Sie über Ihrer Arbeit Ihre Lieben nicht. Wenn Sie eine längere Zeit von zu Hause fort müssen, halten Sie Kontakt.

Liebe/Zuneigung: Es ist gut möglich, daß Sie während Ihrer Reisen eine wichtige neue Freundschaft schließen. Sie sollten sie aufrechterhalten, denn sie könnte Ihnen in Zukunft hilfreich sein.

332 – Boot Herz Blitz

Allgemeine Situation: Informationen, die Sie über einen Freund erhalten, sollten mit Vorsicht genossen werden. Meldungen haben manchmal die Eigenschaft, verdreht zu werden, und es wäre schade, eine gute Freundschaft wegen eines Mißverständnisses aufs Spiel zu setzen.

Finanzen/Geschäfte: Wenn Sie längere Zeit von Ihrem Arbeitsplatz oder von zu Hause weg sind – suchen Sie sich einen Freund oder ein Familienmitglied, der Sie vertritt. Ein wichtiger Brief oder Telefonanruf verlangt sofortiges Handeln.

Liebe/Zuneigung: Sie müssen daran denken, Ihren Partner über alle Ihre Pläne auf dem laufenden zu halten, vor allem, wenn sie Reisen betreffen. Man könnte argwöhnisch werden, wenn Sie sich einfach ohne ein Wort der Vorwarnung auf und davon machen.

331 – Boot Herz Schnecke

Allgemeine Situation: Wenn Sie sich erschöpft fühlen und ausspannen wollen, lassen Sie sich von Freunden nicht zu anstrengenden Unternehmungen überreden.

Finanzen/Geschäfte: Lassen Sie nicht zu, daß persönliche Gefühle eine finanzielle Entscheidung, die Sie treffen müssen, beeinflussen. Studieren Sie sehr sorgfältig alle Tatsachen, und passen Sie auf das Kleingedruckte auf.

Liebe/Zuneigung: Unabwendbare Zwischenfälle halten Sie davon ab, Ihren Partner rechtzeitig zu treffen. Versuchen Sie, ihm dies durch eine Botschaft mitzuteilen.

326 – Boot Storch Obstbaum

Allgemeine Situation: Ein neugeborenes Baby in Ihrer Familie wird in seinem späteren Leben wohlhabend sein und viele Reisen unternehmen. Eine Ihrer Ideen, die Sie gerade voranzutreiben versuchen, könnte sich im Ausland als ein Bombengeschäft herausstellen. Greifen Sie zu Feder und Papier, und machen Sie Angebote nach Übersee.

Finanzen/Geschäfte: Zur Lösung Ihrer finanziellen Probleme wäre es notwendig, daß Sie eines klären und alles neu überdenken. Neue Ideen und neue Versuche sind notwendig, wenn Sie aus den roten Zahlen herauskommen wollen.

Liebe/Zuneigung: Wenn Sie und Ihr Partner Ihre Beziehung glücklich und erfüllt gestalten wollen, dann vermeiden Sie Diskussionen über Geld. Wenn es unbedingt notwendig ist, reden Sie in aller Freundschaft über finanzielle Angelegenheiten – wenn dies auf freundschaftliche Weise nicht möglich sein sollte, könnte dies das Ende Ihrer Beziehung bedeuten.

325 – Boot Storch Becher

Allgemeine Situation: Leben – das bedeutet für Sie Aufregung und jede Menge Vergnügen. Sprechen Sie Ihre Ideen und Zukunftspläne nicht mit einem Fremden ab. Egal, wie gut Sie sich in seiner Gesellschaft fühlen oder wie sehr Sie zum Schwatzen aufgelegt sind – behalten Sie Ihre Geschäfte für sich. Sorgloses Geplauder könnte Sie Ihre Ideen kosten.

Finanzen/Geschäfte: Ein Geschäftsessen oder ein Umtrunk nach der Arbeit mit Ihrem Chef, Ihren Kollegen oder einem wichtigen Kunden wären bestens geeignet, um neue Pläne und Vorschläge durchzusprechen. Dabei könnte sich auch genau die Gelegenheit bieten, auf die Sie gewartet haben.

Liebe/Zuneigung: Ihr Partner könnte versuchen, Ihnen etwas schmackhaft zu machen. Stimmen Sie seinen Plänen zu.

324 – Boot Storch Schlüssel

Allgemeine Situation: Sie werden Gelegenheit bekommen, etwas Kreatives zu versuchen, was ganz abseits Ihres eigentlichen Tätigkeitsbereichs liegt. Versuchen Sie es – das Ergebnis könnte Sie positiv überraschen.

Finanzen/Geschäfte: Eine ereignisreiche Zeit wird auf Sie zukommen. Neue Türen werden sich Ihnen öffnen, aber es liegt an Ihnen, daß sie auch offen bleiben. Sie werden nur aufgrund eigener Anstrengungen Erfolg haben. Eine Reise ins Ausland kündigt sich an.

Liebe/Zuneigung: Wahrscheinlich wird eine fremde Person, die auf Sie erfrischend und anregend wirkt, in Ihr Leben treten. Es könnte die Gelegenheit sein, auf die Sie gewartet haben.

323 – Boot Storch Leiter

Allgemeine Situation: Schreiben Sie ein paar Briefe oder telefonieren Sie, um zu sehen, ob sich jemand für Ihre Ideen interessiert. Wenn Sie nicht versuchen, sich besser zu verkaufen, werden Sie es nicht weit bringen.

Finanzen/Geschäfte: Wenn Ihnen die Geschäfte in diesem Land etwas zu langsam gehen, warum stellen Sie dann keine Nachforschungen an, ob die Lage im Ausland für Sie nicht günstiger wäre. Wenn Sie ehrgeizig sind, sollten Sie dahin gehen, wo Sie die besten Aussichten haben.

Liebe/Zuneigung: Ihre momentane Beziehung scheint zu stagnieren, und es liegt an Ihnen, ob Sie sie beenden oder es noch einmal versuchen wollen. Wenn Sie sich für die zweite Möglichkeit entscheiden, dann versuchen Sie, ein wenig mehr Begeisterung zu zeigen und etwas mehr aus sich herauszugehen.

322 – Boot Storch Blitz

Allgemeine Situation: Schreiben Sie keine Briefe und telefonieren Sie nicht, wenn Sie verärgert sind. Versuchen Sie herauszufinden, was schiefgelaufen ist. Sie könnten feststellen, daß man Ihnen bestimmte Pläne nicht ausreichend erklärt hat und daß sich alles zur Zufriedenheit löst, sobald sie erst im Bilde sind.

Finanzen/Geschäfte: Es wäre an der Zeit, elektrische Geräte und Kommunikationssysteme wie zum Beispiel Telefon und Telex überprüfen zu lassen. Verständigen Sie Ihren Kundendienst, und lassen Sie das schnell erledigen. Sie könnten über die Entdeckung der Techniker ziemlich verblüfft sein.

Liebe/Zuneigung: Sie und Ihr Partner sollten anfangen, ernsthaft über Ihre Zukunftspläne nachzudenken. Nehmen Sie sich jedoch genügend Zeit, um alles durchzusprechen und Ihre Ideen von allen Seiten zu betrachten, bevor Sie etwas Neues beginnen. Machen Sie sich wenn nötig Notizen.

321 – Boot Storch Schnecke

Allgemeine Situation: Einige wichtige Entscheidungen, die Sie treffen müssen, werden von Dauer sein. Das wichtigste, was Sie augenblicklich tun müssen, aber ist, sich auszuruhen, um neue Kräfte zu sammeln. Vielleicht würde Sie eine gründliche medizinische Untersuchung beruhigen.

Finanzen/Geschäfte: Die Zeit ist günstig, um Messen, Seminare und Kongresse zu besuchen. Achten Sie auf neue Lösungsmöglichkeiten alter Probleme, und behalten Sie sie für eine zukünftige Anwendung im Kopf. Investieren Sie im Augenblick nichts – schauen Sie sich um, lernen Sie, aber kaufen Sie nichts.

Liebe/Zuneigung: Für den Verlauf Ihres Privatlebens lautet der beste Rat, mit einem guten Buch zu Hause zu bleiben oder ausstehende Korrespondenz zu erledigen. Tun Sie nichts Impulsives, denn Ihre Ideen sind im Augenblick nicht sehr durchschlagend.

316 – Boot Sonne Obstbaum

Allgemeine Situation: Gute Nachrichten aus dem Ausland könnten frischen Wind in Ihren Alltag bringen und sogar der Grund für eine spätere Reise sein. Fangen Sie jetzt schon an, dafür zu sparen.

Finanzen/Geschäfte: Wahrscheinlich steht Ihnen eine völlige Umstrukturierung Ihrer Arbeit bevor, bei der gründlich ausgemistet wird. Es besteht für Sie jedoch kein Grund zur Sorge, denn diese Aktion wird Ihnen den Weg bahnen, um auf der Erfolgsleiter ein Stückchen höher zu klettern. Wenn Sie Gelegenheit haben, in Ihre Firma zu investieren, dann nehmen Sie sie wahr.

Liebe/Zuneigung: Wenn Sie verheiratet sind, steht Ihnen eine glückliche, harmonische und vergnügte Zeit bevor. Wenn Sie alleinstehend sind, dann passen Sie auf, denn eine fremde und außergewöhnliche Person wird in Ihr Leben treten

315 – Boot Sonne Becher

Allgemeine Situation: Seien Sie etwas fröhlicher und persönlicher, es könnte Ihnen in mancherlei Hinsicht behilflich sein.

Finanzen/Geschäfte: Wenn Sie wirklich Erfolg haben und in dieser Welt weiterkommen wollen, dann müssen Sie etwas nachdrücklicher und entschiedener werden. Hören Sie auf, sich das Unmögliche zu wünschen. Stecken Sie statt dessen Ihre Energien in Projekte, die im Rahmen Ihrer Möglichkeiten sind. Sie könnten Erfolg haben, wenn Sie nur realistischer wären.

Liebe/Zuneigung: Gute Nachrichten werden Sie und Ihren Partner anspornen, etwas zu versuchen, was Sie beide schon seit längerem im Auge haben. Das muß gefeiert werden.

314 – Boot Sonne Schlüssel

Allgemeine Situation: Vielleicht haben Sie Sorgen und Probleme. Da sie sich jedoch nicht von selber lösen, müssen Sie jede Gelegenheit ergreifen, um die Dinge richtigzustellen. Möglicherweise ist dies sehr zeitaufwendig, aber wenn Sie alles ins Lot gebracht haben, werden Sie froh sein, daß Sie sich darum gekümmert haben.

Finanzen/Geschäfte: In Kürze werden Sie befördert und bekommen größere Verantwortung übertragen. Dies könnte mehrere Reisen nach sich ziehen, was Ihnen vielleicht unangenehm ist. Überlegen Sie sorgfältig, bevor Sie sich entscheiden. Man fragt Sie nicht zweimal.

Liebe/Zuneigung: Sollten Sie sich entscheiden, eine Arbeit weiter fort von zu Hause anzunehmen, wird es notwendig sein, daß sie sich eine Zeitlang von Ihrem Partner trennen. Machen Sie sich darüber keine Gedanken, denn Sie werden sicher Erfolg haben und bald wieder mit Ihrem Partner zusammen sein.

313 – Boot Sonne Leiter

Allgemeine Situation: Eine Vergnügungsreise wird Ihnen erfreuliche Überraschungen bieten. Sie werden voller Enthusiasmus und mit vielen neuen Ideen, die Sie sofort in die Tat umsetzen wollen, zurückkehren.

Finanzen/Geschäfte: Wenn Sie daran dachten, umzuziehen und Ihr Geld in einen größeren oder besseren Besitz anzulegen, dann tun Sie das jetzt – die Zeit ist günstig.

Liebe/Zuneigung: Wenn Sie mit Ihrem Partner darüber geredet haben, gemeinsame Geschäfte zu machen, es aber nie in die Tat umgesetzt haben, dann sollten Sie diese Idee jetzt noch einmal überdenken. Es könnte der beste Schachzug sein, den Sie machen können.

312 – Boot Sonne Blitz

Allgemeine Situation: Lassen Sie ein Mißverständnis zwischen Ihnen und einem Freund nicht ausufern. Anstatt herumzusitzen und darüber nachzugrübeln, sollten Sie sich sofort mit ihm treffen und die Angelegenheit ins reine bringen.

Finanzen/Geschäfte: Passen Sie auf, um Arbeitsunfälle, die aus Konzentrationsmangel passieren könnten, zu vermeiden. Seien Sie besonders vorsichtig, wenn Sie mit einem Firmenwagen unterwegs sind oder wenn Sie zu Ihrem Arbeitsplatz fahren.

Liebe/Zuneigung: Eine lohnende Zeit für Sie und Ihren Partner. Es gibt viel zu tun. Sie werden sich durch Ihre Gesellschaft gegenseitig viel Vergnügen bereiten. Harmonie und Verständnis werden wachsen.

311 – Boot Sonne Schnecke

Allgemeine Situation: Sie scheinen von einer unbändigen Reiselust gepackt zu sein. Es wird Ihnen aber nicht möglich sein zu verreisen, da sich Ihnen Hindernisse in den Weg stellen. Möglicherweise sind Sie später darüber sehr froh.

Finanzen/Geschäfte: Wahrscheinlich ist Ihre Telefon- und Postrechnung in den kommenden Monaten ungewöhnlich hoch. Dies ist jedoch eine notwendige Ausgabe, die Ihnen helfen wird, ein ehrgeiziges Projekt in Angriff zu nehmen, das Sie schon länger geplant haben. Noch ein Wort der Warnung – überzeugen Sie sich, daß Sie über alles genau informiert sind.

Liebe/Zuneigung: Versuchen Sie, sich nicht so sehr auf sich selbst und Ihre eigene Wichtigkeit zu konzentrieren, daß Sie darüber das Interesse an den Ideen und Plänen Ihres Partners verlieren. Schenken Sie ihm etwas mehr Aufmerksamkeit, hören Sie zu, und vor allem – unterbrechen Sie nicht.

266 – Schädel Wegkreuzung Obstbaum

Allgemeine Situation: Wenn Sie vor kurzem umgezogen sind (oder gerade dabei sind, es zu tun), passen Sie auf jemanden auf, der besonders freundlich zu sein scheint. Erzählen Sie nichts von Ihrer Arbeit, es könnten sonst Unannehmlichkeiten für Sie und Ihre Familie entstehen.

Finanzen/Geschäfte: Im finanziellen Bereich könnte eine Entscheidung auf Sie zukommen, die Sie treffen müssen. Sollte es nötig sein, etwas Geld in das Haus zu investieren, in dem sie gerade leben, oder wollen Sie vielleicht sich ein größeres und besseres suchen, dann lassen Sie sich von Ihrer Familie beraten.

Liebe/Zuneigung: Lassen Sie nicht zu, daß ein Außenstehender Zwietracht zwischen Ihnen und Ihrem Partner sät. Vielleicht werden unerfreuliche Dinge gesagt – reagieren Sie aber nicht zu empfindlich darauf. Denken Sie nach und fassen Sie keine zu schnellen Entschlüsse.

265 – Schädel Wegkreuzung Becher

Allgemeine Situation: Ungeladene Gäste könnten bei einer Party für Unruhe sorgen, und die Feier, die eigentlich als ein fröhlicher Anlaß für Sie und Ihre Freunde gedacht war, könnte sich in ein Chaos verwandeln. Überprüfen Sie sorgfältig die Gästeliste und laden Sie keine Fremden ein.

Finanzen/Geschäfte: Einige unerwartete Veränderungen in der Arbeit könnten sich für Sie ergeben. Ein Außenseiter, vielleicht ein Rechnungsprüfer oder ein neuer Vorgesetzter, könnte Probleme machen, wenn sich ihm dazu die Gelegenheit bietet. Passen Sie auf, daß Ihr Name nicht auf die Abschußliste gerät.

Liebe/Zuneigung: Fühlen Sie sich nicht zu sicher und geborgen in Ihrer Beziehung, ein zudringlicher Nachbar könnte Sie sonst aus dem Schlaf wecken. Versuchen Sie, einige Ihrer schlimmsten Fehler zu beheben.

264 – Schädel Wegkreuzung Schlüssel

Allgemeine Situation: Wenn Sie sich wegen Ihrer Gesundheit Sorgen machen, sollten Sie sich von Ihrem Arzt von Kopf bis Fuß untersuchen lassen – vielleicht sind Ihre Ängste völlig unbegründet. Ihre Familie mag wohl hilfreich sein und Sie unterstützen, aber sie ist nicht qualifiziert, eine Diagnose zu stellen.

Finanzen/Geschäfte: Ein unerwarteter Wohltäter könnte gerade im richtigen Augenblick auftauchen, um Sie aus einer schwierigen finanziellen Lage zu retten. Lernen Sie aus Ihren Fehlern, und fallen Sie nicht in ein paar Monaten wieder in den alten Trott zurück. Sie werden nicht wieder soviel Glück haben.

Liebe/Zuneigung: Lassen Sie nicht zu, daß sich Ihre Familie in Ihre Privatangelegenheiten einmischt. Was zwischen Ihnen und Ihrem Partner vor sich geht, hat sie wirklich nicht zu interessieren. Schenken Sie ihren Versuchen, Sie zu beeinflussen, keine Beachtung.

263 – Schädel Wegkreuzung Leiter

Allgemeine Situation: Denken Sie nicht an einen möglichen Mißerfolg, wenn Sie etwas Neues anfangen. Es gibt nichts, was Sie nicht können, wenn Sie es nur wirklich wollen.

Finanzen/Geschäfte: Wenn Sie unbedingt etwas ausprobieren wollen, wovon Sie glauben, daß es Ihren Lebensstil ändert, dann versuchen Sie es. Es ist Ihre Sache. Lassen Sie sich aber nicht von anderen Leuten, die weniger eigene Ideen haben, ausstechen.

Liebe/Zuneigung: Sie werden eine sehr erfreuliche Überraschung erleben, die Sie für eine Zeitlang ganz sprachlos macht. Genießen Sie die Freude, so lange sie andauert. Sie wird vorübergehen, und Sie werden wieder auf die Erde herunterkommen müssen.

262 – Schädel Wegkreuzung Blitz

Allgemeine Situation: Falls Sie daran denken, Ihre Wohnung mit jemandem zu teilen oder einen Untermieter, etwa einen Studenten, bei sich aufzunehmen, sollten Sie sich dieses Vorhaben noch einmal genau überlegen. Ihre friedliche Alltagsroutine könnte völlig durcheinander geraten, und nur ein Fremder im Haus verursacht Zwietracht und Auseinandersetzungen.

Finanzen/Geschäfte: Es ist an der Zeit nachzuprüfen, ob Sie alle Ihre Versicherungsbeiträge bezahlt haben (es ist sehr einfach, solche Dinge zu überprüfen) und ob Ihr Besitz und Ihr Eigentum ausreichend versichert sind. Schließen Sie eine zusätzliche Feuer- und Unwetterversicherung ab.

Liebe/Zuneigung: Denken Sie nicht sofort, daß ein anderer dahinter steckt, wenn Ihr Partner in letzter Zeit öfter vor dem Spiegel steht und mehr Zeit auf Kleidung und Äußeres verwendet. Im besten Fall tut er es, um Ihnen zu gefallen, im schlechtesten Fall wird er sich seines Alters bewußt oder versucht, aus eingefahrenen Wegen auszubrechen. Entspannen Sie sich und hören Sie auf, das Schlimmste zu fürchten.

261 – Schädel Wegkreuzung Schnecke

Allgemeine Situation: Das Leben hat einige Überraschungen für Sie parat, und es passieren einige Veränderungen, auf die Sie nicht vorbereitet sind. Machen Sie sich keine Sorgen – wenn Sie aufpassen, was Sie machen, und keine fremde Einmischung dulden, sind Sie der Situation vollkommen gewachsen.

Finanzen/Geschäfte: Im finanziellen Bereich sollte »Sparsamkeit« Ihre Parole während der kommenden Monate sein. Versuchen Sie, etwas Geld auf die Seite zu legen. Das verschafft Ihnen etwas Sicherheit. Kaufen Sie nur das Allernötigste.

Liebe/Zuneigung: Ein verführerischer Fremder könnte Ihre Zuneigung gewinnen. Wenn Sie sich den Kopf verdrehen lassen, erwartet Sie eine unruhige Zeit. Sehen Sie sich sorgfältig um, bevor Sie sich auf die Affäre einlassen, und denken Sie an die Folgen!

256 – Schädel Katze Obstbaum

Allgemeine Situation: Ein lange anstehendes gesundheitliches Problem wird bald gelöst werden. Vielleicht durch eine neue Art der Behandlung, vielleicht durch ein alternatives Medikament, das teuer, aber wirksam sein könnte. Scheuen Sie die Kosten nicht – Ihre Gesundheit ist wichtig.

Finanzen/Geschäfte: Ihr Besitz besteht aus einem ziemlich großen Kapital und einem Haus für Sie und Ihre Familie. Das Haus muß unterhalten werden, und es wäre an der Zeit, Reparaturen und Verbesserungen vorzunehmen.

Liebe/Zuneigung: Sie und Ihr Parner könnten plötzlich mehr Geld zur Verfügung haben. Das Geld könnte von einem Gewinn oder einer Lotterie stammen, wahrscheinlich aber handelt es sich um eine Erbschaft.

255 – Schädel Katze Becher

Allgemeine Situation: Eine überraschende Heirat in der Familie könnte auf Sie zukommen. Wer auch immer es sein mag, diese Ankündigung wird einige Veränderungen auch in Ihr Leben bringen, und etwas, das Sie für unmöglich gehalten haben, kann jetzt eintreten.

Finanzen/Geschäfte: Eine Familienfeier könnte Sie dazu zwingen, tiefer in die Tasche zu greifen, als ursprünglich beabsichtigt. Versuchen Sie deshalb, keine Schulden zu machen, und genießen Sie das Fest.

Liebe/Zuneigung: Wenn Sie alleinstehend sind, kann sich Ihr Leben schnell ändern. Wenn Sie bereits verheiratet sind, dann achten Sie auf erfreuliche und völlig unerwartete Veränderungen in Ihrer Beziehung. Eine gute Zeit für alle.

254 – Schädel Katze Schlüssel

Allgemeine Situation: Bald wird ein neuer Abschnitt Ihres Lebens beginnen. Er hat Auswirkungen auf Ihr Leben und auf Ihre Familie. Alte Probleme werden gelöst werden, und Sie werden mit frischen Kräften und wenig persönlichen Problemen, die Sie behindern, anfangen können.

Finanzen/Geschäfte: Eine unerwartete finanzielle Hilfe von einem entfernten Verwandten kommt wie gerufen. Jetzt können Sie nicht nur ausstehende Schulden bezahlen, sondern auch eine neue Sache anfangen.

Liebe/Zuneigung: Sie und Ihr Partner werden die Gelegenheit haben, etwas zu versuchen, wovon Sie schon immer geträumt haben. Es ist genau das Stärkungsmittel, das Ihre Beziehung benötigt hat, und es wird Sichtweisen und Gefühle bei Ihnen beiden einschneidend verändern.

253 – Schädel Katze Leiter

Allgemeine Situation: Eine persönliche Angelegenheit muß möglicherweise aufgeschoben werden wegen eines gesundheitlichen Problems oder Konflikten mit einem Verwandten. Grübeln Sie nicht zu sehr darüber nach, denn Sie werden, schneller als Sie denken, eine neue Gelegenheit bekommen.

Finanzen/Geschäfte: Bevor Sie sich eine unerwartete Gelegenheit entgehen lassen, sollten Sie sich ein wenig Zeit nehmen, um über sie nachzudenken. Sie könnten es machen, wenn Sie richtig dazu entschlossen sind, und es würde Ihnen sicherlich Auftrieb geben. Es liegt nur an Ihnen.

Liebe/Zuneigung: Wenn Ihr Partner in einer außergewöhnlichen Sache, die Sie vorgeschlagen haben, unentschlossen zu sein scheint, überlegen Sie sich, ob Sie ihm Ihre Denkweise ausreichend erklärt haben, bevor Sie die ersten Schritte unternehmen. Ohne die Rückendeckung Ihres Partners könnten Sie scheitern.

252 – Schädel Katze Blitz

Allgemeine Situation: Veränderungen, die Sie in Ihrem Haus oder Ihrem Familienleben planen, sollten Sie nicht eher in die Tat umsetzen, als bis Sie sich alles nochmals gründlich überlegt haben. Wenn Sie nicht alles aus dem Blickwinkel jedes einzelnen Betroffenen betrachten, könnten Sie jemanden sehr verärgern und irritieren.

Finanzen/Geschäfte: Wie gut die Lage momentan auch aussehen mag – gehen Sie kein Risiko ein. Sie könnten alles, wofür Sie so hart gearbeitet haben, verlieren, nur weil Sie zu impulsiv und unvorsichtig handeln.

Liebe/Zuneigung: Verlieren Sie nicht die Beherrschung, wenn sich Ihr Partner entschließen sollte, eine Gelegenheit auszuschlagen, die auf den ersten Blick sehr gut aussieht. Wenn Sie später einmal alle Fakten kennen, werden Sie ihn verstehen.

251 – Schädel Katze Schnecke

Allgemeine Situation: Falls Sie sich plötzlich entschließen, eine harte Trimm-dich-Aktion mitzumachen, sollten Sie nicht überrascht sein, wenn Sie sich einen Muskel zerren oder einen dauerhaften Schaden zuziehen. Nehmen Sie die Dinge leicht.

Finanzen/Geschäfte: Gehen Sie der Versuchung, unüberlegte Käufe zu machen, aus dem Weg. Fragen Sie ruhig herum, vielleicht hat jemand in Ihrer Familie genau das, was Sie suchen, und ist froh, es Ihnen geben zu können.

Liebe/Zuneigung: Passen Sie auf, daß die Wogen in Ihrem Privatleben nicht zu hoch schlagen. Ihr Partner ist vielleicht nicht einverstanden, sich auf Veränderungen einzulassen, die Sie vorher nicht gründlich durchdacht haben. Gehen Sie auf Nummer sicher.

246 – Schädel Messer Obstbaum

Allgemeine Situation: Sie sollten jetzt aufhören, sich einfach treiben zu lassen. Suchen Sie sich ein Ziel, auf das Sie hinarbeiten können, und strengen Sie sich an.

Finanzen/Geschäfte: Geldsorgen und anwachsende Kosten haben Sie in letzter Zeit unter großen Druck gesetzt. Verzweifeln Sie nicht. Die Lage wird sich bald verändern, und alle Probleme werden sich lösen. Halten Sie Ihre Augen offen, und achten Sie besonders auf die Stellenangebote in Ihrer Zeitung.

Liebe/Zuneigung: Eine reiche Person wird mit vielen Geschenken Ihrem Partner den Kopf verdrehen. Widerstehen Sie Ihrem Wunsch, Ihrer Sorge Ausdruck zu geben – es würde die Sache nur noch verschlimmern. Bleiben Sie ruhig – wenn das Geld ausgeht, wird die ganze Angelegenheit eines natürlichen Todes sterben.

245 – Schädel Messer Becher

Allgemeine Situation: Lassen Sie nicht zu, daß alte Familienfehden ein Zusammentreffen stören, besonders wenn es sich um eine Hochzeit handelt. Wenn Sie endlich die Vergangenheit vergessen würden, könnten Sie sich richtig entspannen und das Leben ohne ständig drohende Streitereien genießen.

Finanzen/Geschäfte: Geld ist wirklich nicht alles. Wenn Sie sich auf zweifelhafte Geschäfte einlassen wollen, nur um ein paar Mark mehr zu machen, sollten Sie sich vorher fragen, ob die Sache das Risiko wert ist. Wollen Sie wirklich, daß diese Sorge auch noch über Ihnen schwebt?

Liebe/Zuneigung: Wenn ein dummer Streit mit Ihrem Partner wegen Geldangelegenheiten sich weiter auswächst, könnten Sie wirklich Probleme bekommen. Tun Sie alles, was in Ihrer Macht steht, um die Angelegenheit zu klären. Falls Sie etwas zu beichten haben – tun Sie es jetzt, bevor Ihnen alles aus der Hand gleitet.

244 – Schädel Messer Schlüssel

Allgemeine Situation: Es würde Ihnen guttun, wenn Sie sich von Ihrem augenblicklichen Freundeskreis etwas entfernen und sich anderweitig neue Freunde und neue Interessen suchen. Ihre Mitmenschen sind nicht sehr loyal und würden Sie sofort im Stich lassen, wenn Sie ihnen nicht mehr nützen.

Finanzen/Geschäfte: Lassen Sie sich nicht auf Sachen ein, durch die man schnell zu Geld kommen soll, selbst wenn es sich noch so sicher anhört. Für gewöhnlich ist bei solchen Sachen immer ein Trick dabei.

Liebe/Zuneigung: Passen Sie auf, daß Ihre Beziehung nicht durch Eifersucht zerrüttet wird, denn das passiert zweifellos, wenn Sie weiterhin versuchen, Ihren Partner zu bespitzeln. Sie müssen in Zukunft mehr Vertrauen aufbringen.

243 – Schädel Messer Leiter

Allgemeine Situation: Wenn Sie neue Projekte in Angriff nehmen – überzeugen Sie sich, daß Sie auch wirklich verstehen, was Sie da machen und wie alles funktioniert, besonders wenn Sie mit ungewohnten Maschinen umgehen müssen. Wenn Sie immer daran denken, daß die Sicherheit an erster Stelle kommt, können Sie keine schwerwiegenden Fehler machen.

Finanzen/Geschäfte: Die Idee, mit Ihrem Freund als Partner ein Geschäft aufzumachen, ist nicht so gut, wie Sie meinen. Es wäre besser, wenn Sie die alleinige Kontrolle behielten, sogar wenn das bedeutet, daß Sie finanziell bis an Ihre Grenzen gehen müssen.

Liebe/Zuneigung: Sie müssen beide mit Ihren Problemen herausrücken, wenn Ihre Beziehung halten soll. Streitigkeiten und Auseinandersetzungen tun keinem von beiden gut. Versuchen Sie, mehr miteinander zu reden und grundlegende Dinge zu ändern.

242 – Schädel Messer Blitz

Allgemeine Situation: Sie müssen schnell handeln und noch schneller reden, um sich aus einer mißlichen Lage zu befreien. Leider haben Sie sich die Schuld selber zuzuschreiben. Es ist jedoch nicht zu spät, umzukehren.

Finanzen/Geschäfte: Reagieren Sie nicht zu heftig, wenn Sie an Ihrem Arbeitsplatz mit einer Überraschung konfrontiert werden, die nicht gerade nach Ihrem Geschmack ist. Ein dummer Streit könnte zu ernsthaften Schwierigkeiten führen.

Liebe/Zuneigung: In Ihrem Privatleben zieht ein Sturm auf. Sie müssen beide einige Schwierigkeiten ausbügeln. Wenn kein Kompromiß möglich ist, sollten Sie sich trennen und jeder seinen eigenen Weg gehen.

241 – Schädel Messer Schnecke

Allgemeine Situation: Wenn Sorgen und Probleme des täglichen Lebens anfangen, Sie zu deprimieren, sollten Sie etwas dagegen unternehmen, bevor Sie gesundheitliche Schäden davontragen. Verlassen Sie für ein paar Tage Ihre gewohnte Umgebung, besuchen Sie Freunde oder Verwandte, und spannen Sie aus. Veränderung und Ruhe wird Ihnen guttun.

Finanzen/Geschäfte: Wenn Sie vorhaben, eine teuere Anschaffung zu machen, zum Beispiel ein Motorrad, eine Stereoanlage, ein Videogerät oder ähnliches, sollten Sie sich vorher genau umsehen. So können Sie nicht nur die verschiedenen Modelle vergleichen, sondern auch die günstigsten Preise erfahren.

Liebe/Zuneigung: Versuchen Sie nicht, Ihre komplizierten persönlichen Angelegenheiten auf die schnelle zu lösen. Das könnte die Angelegenheit nur noch schlimmer machen. Reden Sie mit niemandem über Ihre Probleme – besonders nicht mit einem engen Freund.

236 – Schädel Herz Obstbaum

Allgemeine Situation: Das Leben wendet sich zum Besseren, – ziemlich unerwartet und schneller, als Sie denken. Machen Sie sich auf eine neue Arbeit, einen Umzug, mehr Geld, neue Freunde oder eine neue Liebe gefaßt. Die Veränderung könnte einen oder mehrere dieser Punkte betreffen.

Finanzen/Geschäfte: Sie scheinen im Augenblick für Geld einen wahren Riecher zu besitzen. Nicht nur, daß Sie viel Geld verdienen, Sie haben auch das nötige Wissen, die Erfahrung und Intuition, um es klug anzulegen und es für Sie arbeiten zu lassen. Diese Fähigkeit könnte zu neuen und aufregenden Berufsplänen führen.

Liebe/Zuneigung: Eine neue Person wird in Ihr Leben treten, und die Freundschaft wird zu einem tieferen Gefühl entwickelt. Ein Wort der Warnung – sind wirklich Sie es, der geliebt wird, oder ist es Ihr Geld, Ihr Besitz und Ihr Einfluß?

235 – Schädel Herz Becher

Allgemeine Situation: Sie werden Gelegenheit haben, etwas zu tun, wovon Sie immer geträumt haben. Diese Gelegenheit wird in Verbindung stehen mit einem alten Freund der Familie und wird weitreichende Konsequenzen haben.

Finanzen/Geschäfte: Geben Sie nicht zuviel Geld fürs Vergnügen aus, oder Sie könnten eines Tages, wenn Sie Geld nötig haben, feststellen, daß nichts mehr übrig ist.

Liebe/Zuneigung: In den kommenden Wochen wird Ihr Privatleben nicht sehr privat sein. Sie und Ihr Partner verbringen einen Großteil der Zeit in Gesellschaft anderer. Das wird für Sie beide eine sehr ausgefüllte Zeit.

234 – Schädel Herz Schlüssel

Allgemeine Situation: Lassen Sie sich nicht von einer plötzlichen Veränderung in Ihrem Leben aus der Bahn werfen. Nützen Sie sie statt dessen aus und verwandeln Sie die Situation in einen persönlichen Triumph. Sie werden sich selbst und Ihre Freunde durch Ihre Handlungsweise verblüffen.

Finanzen/Geschäfte: Wenn sich eine neue Arbeit weiter fort von zu Hause, möglicherweise sogar im Ausland, bietet – überlegen Sie gut, bevor Sie sich entscheiden. Sie müssen die Sache von beiden Seiten betrachten – könnten Sie Ihr vielleicht höheres Einkommen genießen, wenn Sie dafür Ihre Lieben zurücklassen müssen?

Liebe/Zuneigung: Seien Sie wieder etwas fröhlicher – wenn eine Tür zugeht, öffnet sich eine andere. Genau das wird Ihnen passieren. Vergessen Sie die Vergangenheit, und schauen Sie in die Zukunft. Sie werden bald wieder einen Menschen finden, mit dem Sie Ihre Zukunft teilen können.

233 – Schädel Herz Leiter

Allgemeine Situation: Es ist nicht ratsam, alles alleine zu machen. Scharen Sie Ihre Freunde und Ihre Familie um sich – sie werden sich freuen, Ihnen helfen zu können.

Finanzen/Geschäfte: Eine laufende Versicherungsklage oder ein Gesetzesstreit werden bald beigelegt sein. Investieren Sie etwas von Ihrem mühsam verdienten Geld.

Liebe/Zuneigung: Sie und Ihr Partner müssen eine Entscheidung treffen, die sich entweder als Ihr größter Erfolg oder als ein völliges Desaster erweisen kann.

232 – Schädel Herz Blitz

Allgemeine Situation: Ein plötzlicher Anfall von Tatendrang treibt Sie dazu, Ihre gesamte Umgebung zu verändern. Passen Sie auf, daß es nur Ihr eigenes Leben ist, das Sie auf diese Weise verändern. Wenn Sie versuchen, anderen in ihre Pläne hineinzureden, könnten Sie Schwierigkeiten bekommen.

Finanzen/Geschäfte: Sollten Sie mit etwas Neuem konfrontiert werden, dann fragen Sie einen Fachmann um Rat. Es ist möglich, daß sich einer Ihrer Freunde in diesem speziellen Bereich gerade auskennt – fragen Sie ihn. Unternehmen Sie nichts, bis Sie nicht genaue Auskünfte haben.

Liebe/Zuneigung: Passen Sie auf, wenn Sie Ihre Augen schweifen lassen. Sie könnten Unruhe stiften.

231 – Schädel Herz Schnecke

Allgemeine Situation: Gönnen Sie sich mehr Zeit zum Ausruhen, und halten Sie sich in Form. Warum suchen Sie sich nicht ein neues Hobby oder neue Interessengebiete?

Finanzen/Geschäfte: Treffen Sie im Augenblick keine finanziellen Entscheidungen, vor allem, wenn Freunde oder Verwandte beteiligt sind. Sehr bald werden Sie jeden Pfennig benötigen, den Sie haben, und es wäre peinlich, wenn Sie Schulden machen müßten.

Liebe/Zuneigung: Für Sie und Ihren Partner könnten friedliche Zeiten anbrechen. Sie können es sich beide leisten, alles entspannt und gelassen zu betrachten. Vermeiden Sie sowohl große wie auch kleine Entscheidungen. Schieben Sie sie beiseite, bis Sie sich erholt genug fühlen, Sie anzugehen.

226 – Schädel Storch Obstbaum

Allgemeine Situation: Machen Sie sich während der kommenden Monate auf einige tiefgreifende Veränderungen in Ihrem Leben gefaßt. Sie werden Ihnen guttun und Sie etwas aus Ihrem Alltagstrott bringen, so daß Sie wieder anfangen können, selbständig zu denken.

Finanzen/Geschäfte: In Ihrer Karriere sind Ihnen die Wege geebnet. Sie kommen voran und können Ihre eigenen Ideen weiterentwickeln. Das könnte auch daher kommen, daß Ihr größter Rivale aufgibt. Lassen Sie diese Gelegenheit für Sie arbeiten.

Liebe/Zuneigung: Ihren Partner wird plötzlich ein Anfall von Tatendrang überkommen. Anstatt zu fragen, wann Sie die dringendsten Arbeiten erledigen wollen, wird er Ihnen raten, die Dinge leicht zu nehmen und erst einmal eine Pause einzulegen.

225 – Schädel Storch Becher

Allgemeine Situation: Es ist an der Zeit, all die aufgeschobenen Buchhaltungsarbeiten zu erledigen. Wenn das erst einmal getan ist, haben Sie Zeit, um entspannenderen Tätigkeiten nachzugehen.

Finanzen/Geschäfte: Ein Irrtum, den Ihr Kollege begeht, wird für Sie von Vorteil sein. Passen Sie auf, daß der Erfolg Ihnen nicht zu Kopf steigt. Benutzen Sie Ihren eigenen Einfallsreichtum, um die Sachlage zu klären.

Liebe/Zuneigung: Drücken Sie sich klar aus, wenn Sie etwas mit Ihrem Partner planen. Entscheiden Sie, wer was zu tun hat, wenn Sie wollen, daß Ihre Pläne reibungslos klappen.

224 – Schädel Storch Schlüssel

Allgemeine Situation: Vielleicht sind Sie gezwungen, Ihren Lebensweg neu zu überdenken. Sie haben viele Möglichkeiten, vorausgesetzt, Sie besitzen genügend Schwung und Ehrgeiz, sie wahrzunehmen.

Finanzen/Geschäfte: Bald wird sich Ihnen eine Gelegenheit zu Investitionen bieten. Hüten Sie sich aber vor zu niedrigen Rückzahlungsraten. Investieren Sie nicht mehr, als Sie sich auch leisten können zu verlieren.

Liebe/Zuneigung: Man wird Ihnen ein Angebot machen, das sicher eine Überlegung wert ist. Es könnte die Erhörung Ihrer Gebete sein und könnte eine Menge Ihrer Probleme lösen.

223 – Schädel Storch Leiter

Allgemeine Situation: Es ist Zeit für ein Großreinemachen. Gehen Sie neuen Ideen nach, oder frischen Sie die alten auf. Suchen Sie sich ein neues Ziel.

Finanzen/Geschäfte: Es könnte einige Verwirrung wegen einer Idee entstehen, die ursprünglich von Ihnen stammte. Versichern Sie sich, daß dies auch jeder weiß. Sprechen Sie in Ihrem eigenen Interesse, denn einige Leute warten nur darauf, die Lorbeeren einzuheimsen.

Liebe/Zuneigung: Wenn Sie eine Entscheidung treffen müssen, dürfen Sie nicht zulassen, daß Ihr Partner Sie beeinflußt.

222 – Schädel Storch Blitz

Allgemeine Situation: Sie werden vielleicht gezwungen sein, eine schnelle Entscheidung zu treffen, die weitreichende Folgen hat. Vielleicht wird man Sie zuerst kritisieren, aber auf längere Sicht wird man Ihnen recht geben.

Finanzen/Geschäfte: Eine unerwartete Veränderung in Ihren Finanzangelegenheiten wird nicht nur Ihnen, sondern auch Ihrer Familie zugute kommen. Erklären Sie ihr sorgfältig die Lage.

Liebe/Zuneigung: Eine Person, die neu in Ihr Leben tritt, könnte auf den ersten Blick der Mensch sein, auf den Sie gewartet haben. Überstürzen Sie trotzdem nichts – vielleicht hat man Sie falsch verstanden.

221 – Schädel Storch Schnecke

Allgemeine Situation: Versuchen Sie, Ihr Leben zu planen, so daß Sie mehr Zeit zur Erholung einsparen. Neue Möglichkeiten können Sie gut wahrnehmen, solange Sie sich stark genug fühlen, es mit jedem aufzunehmen.

Finanzen/Geschäfte: Bevor Sie neue finanzielle Verpflichtungen eingehen, ist es nötig, daß Sie Ihre Lage in allen Bereichen überprüfen. Betrachten Sie das, was Sie wirklich erreicht haben, was Sie tun können und wo Einsparungen möglich wären.

Liebe/Zuneigung: Sie müssen versuchen, etwas mehr auf eigenen Füßen zu stehen. Verlangen Sie weniger von anderen, und werden Sie unabhängiger. Das macht Sie nicht nur Ihrem Partner gegenüber interessanter, es gibt Ihnen persönlich auch mehr Selbstvertrauen.

216 – Schädel Sonne Obstbaum

Allgemeine Situation: Wenn Sie sich augenblicklich glücklich fühlen, dann könnte Sie etwas Neues und Aufregendes, das bald eintreffen könnte, in Hochstimmung versetzen. Sie werden sich voranbewegen und einige Ihrer Ziele erreichen.

Finanzen/Geschäfte: Das Hauptgewicht liegt bei Ihnen im Augenblick auf harter Arbeit, doch am Ende wartet die Belohnung. Lassen Sie nicht zu, daß eine unerwartete Überraschung Sie zurückwirft. Behalten Sie Ihr Ziel im Auge, und arbeiten Sie stetig darauf zu.

Liebe/Zuneigung: Die Zeit ist günstig, um eine Beziehung anzuknüpfen. Wenn Sie noch alleinstehend sind, ist es möglich, daß Sie bald heiraten – wenn Sie bereits verheiratet sind, wartet ein gemeinsames Unternehmen auf Sie.

215 – Schädel Sonne Becher

Allgemeine Situation: Ein schon lange anhaltendes körperliches Leiden kann sich durch eine neue Behandlungsmethode sehr bessern. Das bringt Ihnen wieder mehr Lebensfreude, mehr Schwung und Energie. Sie sollten jetzt Ihr Leben genießen, Freunde besuchen oder vielleicht etwas Neues ausprobieren, was bislang nicht möglich gewesen ist.

Finanzen/Geschäfte: Streifen Sie alte Fehler ab, und machen Sie das Beste aus dem, was Sie haben. Eine vollkommene Neueinteilung Ihres Arbeitslebens ist notwendig. Benutzen Sie Ihre Energien, um das voranzutreiben, was Sie machen wollen, selbst wenn es scheint, daß Ihr Ziel zu hoch gesteckt ist. Aller Voraussicht nach werden Sie Erfolg haben und damit allen Grund zum Feiern. Beschleunigen Sie den Fortgang dadurch, daß Sie die Initiative ergreifen.

Liebe/Zuneigung: Familienereignisse bieten Anlaß zum Feiern – vielleicht eine Hochzeit oder eine Taufe. Wenn Ihr Partner etwas niedergeschlagen und verschlossen ist, liegt es an Ihnen, die Führung zu übernehmen und ihn wieder aufzumuntern.

214 – Schädel Sonne Schlüssel

Allgemeine Situation: Lassen Sie die Vergangenheit ruhen. Die Zukunft ist wichtiger. Also hören Sie auf, darüber nachzudenken, was hätte sein können. Ergreifen Sie jede Gelegenheit, die sich Ihnen bietet, und arbeiten Sie auf ein positives und lohnendes Ziel hin.

Finanzen/Geschäfte: Nur weil einige Dinge, die Sie in Ihrer Vergangenheit versucht haben, fehlgeschlagen sind, haben Sie keinen Grund anzunehmen, daß auch alles Neue schiefgehen wird. Machen Sie sich daran, mögliche Probleme zu lösen, und lassen Sie neue Gelegenheiten nicht unter dem Eindruck alter Fehlschläge ungenutzt.

Liebe/Zuneigung: Einige unerwartete Veränderungen werden die Situation zwischen Ihnen und Ihrem Partner verändern. Es liegt nur an Ihnen, was Sie aus der Sache machen. Vielleicht werden Ihre Kinder das Haus verlassen, so daß Sie und Ihr Partner mehr Zeit füreinander haben. Auch ein Umzug oder ein anderer Beruf könnten Abwechslung in Ihr Leben bringen.

213 – Schädel Sonne Leiter

Allgemeine Situation: Wenn Sie sich wirklich einen geheimen Wunsch erfüllen wollen, müssen Sie eine ruhige und zielgerichtete Betrachtungsweise annehmen. Vermeiden Sie, daß Gefühle oder persönliche Neigungen Ihr Ziel vernebeln. Sie würden sich nur selber schaden. Ein unerwarteter Glücksfall wird Ihnen zu Hilfe kommen.

Finanzen/Geschäfte: Es könnte passieren, daß Sie ein oder zwei unvorhergesehene Ausgaben haben, für die Ihnen kein Geld zur Verfügung steht. Lassen Sie sich dadurch in Ihrem Enthusiasmus nicht dämpfen oder gar aus der Bahn werfen.

Liebe/Zuneigung: Es ist Zeit, daß Sie beide das Kriegsbeil begraben, und wenn Sie sich in einer Sache nicht einigen können, versuchen Sie, einen annehmbaren Kompromiß zu finden. Das Leben ist zu kurz, um sich ständig zu streiten. Vergessen Sie Ihren Stolz, und machen Sie den ersten Schritt.

212 – Schädel Sonne Blitz

Allgemeine Situation: Versuchen Sie, Ihre Gedanken beieinander zu halten, vor allem, wenn Sie etwas Gefährliches machen, wie etwa Auto fahren oder mit elektrischen Geräten arbeiten. Unfälle passieren schnell, und die meisten könnten leicht vermieden werden, wenn man etwas Vorsicht walten ließe.

Finanzen/Geschäfte: Überzeugen Sie sich, daß Ihr persönlicher Besitz oder Ihre Geschäftsanteile ausreichend versichert sind, vor allem gegen Feuer und Unwetterschäden. Wenn Sie Geschäftsräume haben, prüfen Sie nach, ob alle Sicherheitsvorkehrungen angebracht sind. Wenn Sie sich dafür jetzt etwas Zeit nehmen, könnten Sie später Geld sparen.

Liebe/Zuneigung: In Ihrem Privatleben hat ein kleiner, unerwarteter Widerstand nichts Schlimmes zu bedeuten. Ein kleiner Ruck könnte genau das sein, was Sie brauchen, um einzusehen, wie glücklich Sie sind und wieviel Ihnen Ihr Partner bedeutet.

211 – Schädel Sonne Schnecke

Allgemeine Situation: Ein altes Gesundheitsproblem könnte wieder auftauchen und Ihren Rhythmus eine Zeitlang verlangsamen. Seien Sie nicht so verzagt, wenn Sie gerade etwas vorhatten, das Sie unbedingt zu Ende bringen wollten. Belästigen Sie andere nicht so sehr mit Ihren Problemen.

Finanzen/Geschäfte: Lassen Sie im Augenblick alle Finanzgeschäfte ruhen, tätigen Sie weder Käufe noch Verkäufe. Sie könnten sonst Schiffbruch erleiden, denn Sie müssen mit einigen tiefgreifenden Veränderungen Ihrer finanziellen Lage rechnen. Warten Sie günstigere Zeiten ab.

Liebe/Zuneigung: Wenn Sie Ihre Beziehung retten wollen, müssen Sie sehr vorsichtig handeln. Seien Sie nicht so dominant und aggressiv – zeigen Sie etwas mehr Liebe und Bewunderung. Die positive Reaktion Ihres Partners wird nicht lange auf sich warten lassen.

166 – Netz Wegkreuzung Obstbaum

Allgemeine Situation: Sie werden herausfinden, daß die Bekanntschaften, die Sie neulich gemacht haben, gar nicht so erfreulich sind, wie Sie zuerst dachten. Vielleicht ist man nur freundlich zu Ihnen, um Sie auszunützen.

Finanzen/Geschäfte: Wenn Sie die Gelegenheit haben, etwas günstig zu kaufen, wie zum Beispiel einen Fernsehapparat oder eine Waschmaschine, dann sehen Sie zu, daß alle Fakten offen auf dem Tisch liegen.

Liebe/Zuneigung: Kaum etwas kann die Beziehung zwischen einem Mann und einer Frau so sehr zerrütten wie das Geld. Wenn Sie mehr Geld als vorgesehen in ein Hobby oder einen Luxusgegenstand gesteckt haben, wäre es besser, Sie würden es Ihrem Partner beichten, bevor sich ein Nachbar oder ein Bekannter voreilig einmischt.

165 – Netz Wegkreuzung Becher

Allgemeine Situation: Bei einer Party oder einem geselligen Abend werden Sie eine Menge neuer Leute treffen. Erkundigen Sie sich zuerst über ihre Hintergründe, bevor Sie sich zu sehr auf diese Leute einlassen.

Finanzen/Geschäfte: Passen Sie auf, daß die großzügige Gastfreundschaft, die Ihnen bei einem Geschäftsempfang oder einer Messe zuteil wird, nicht Ihr Urteilsvermögen beeinflußt. Diese Leute sind nur auf ihren eigenen Vorteil bedacht und nicht an Ihnen als Person interessiert.

Liebe/Zuneigung: Sie könnten sich näher auf jemanden einlassen, den Sie auf einer Party oder bei Freunden getroffen haben. Genießen Sie diese Gesellschaft, werden Sie aber mißtrauisch, wenn Sie sofort um einen größeren Gefallen gebeten werden.

164 – Netz Wegkreuzung Schlüssel

Allgemeine Situation: Wenn eine günstige Gelegenheit bei Ihnen klopft, sollten Sie sich erst nach allen Risiken erkundigen, bevor Sie die Tür öffnen. Haben Sie sich erst einmal auf sie eingelassen, wird es sehr schwierig sein, einen Rückzieher zu machen.

Finanzen/Geschäfte: Wenn Sie finanzielle oder geschäftliche Schwierigkeiten haben, müssen Sie versuchen, selbst mit ihnen fertig zu werden. Sobald Sie die Hilfe anderer in Anspruch nehmen, vor allem die Hilfe von Profis, müssen Sie sich auf alle möglichen unvorhergesehenen Ausgaben gefaßt machen.

Liebe/Zuneigung: Geben Sie nicht auf, selbst wenn Sie und Ihr Partner gerade eine harte Zeit durchstehen müssen. Arbeiten Sie gemeinsam daran, die Angelegenheit zu klären. Was auch immer Sie tun, passen Sie auf. Schütten Sie Ihr Herz nicht einem Fremden aus, und sei er noch so sympathisch. Das könnte die Lage nur verschlimmern.

163 – Netz Wegkreuzung Leiter

Allgemeine Situation: Wenn Sie sich verbessern und weiterkommen wollen, dann machen Sie sich die Mühe und beobachten Sie, wie andere es gemacht haben. Reden Sie mit ihnen, um so von fremden Fehlern zu lernen.

Finanzen/Geschäfte: Gehen Sie nicht zu sehr in der Begeisterung anderer auf. Was für sie leicht und gewinnbringend ist, könnte für Sie selbst nur halb so leicht sein, oder sogar ein finanzieller Mißerfolg. Sehen Sie anderen zu und bewundern Sie sie, wenn Sie wollen, aber halten Sie sich selbst heraus.

Liebe/Zuneigung: Wenn Sie Ihren Partner betrügen und Heimlichkeiten vor ihm haben, wird er es so oder so herausbekommen. Es gibt immer Leute, die gerne tratschen.

162 – Netz Wegkreuzung Blitz

Allgemeine Situation: Das Leben steckt voller Überraschungen. Ein Fremder, den Sie vor kurzem getroffen haben, könnte eine oder zwei für Sie parat haben, vor allem, wenn Sie ihn zu sich nach Hause einladen und ihn Ihrer Familie vorstellen.

Finanzen/Geschäfte: Drängen Sie nicht zu sehr darauf, in ein Geschäft mit Überseeverbindungen einzusteigen. Machen Sie sich mit allen Geschäftsregelungen vertraut, die den Außenhandel betreffen.

Liebe/Zuneigung: Was immer Sie machen – vermeiden Sie auf jeden Fall, in den Familienstreit eines Nachbarn oder eines Freundes mit hineingezogen zu werden. Es ist eine Sache, ein guter Zuhörer zu sein, und eine andere, gute Ratschläge zu erteilen. Das könnte Ihnen Unannehmlichkeiten bereiten.

161 – Netz Wegkreuzung Schnecke

Allgemeine Situation: Wenn Sie das Gefühl haben, an einem Punkt angelangt zu sein, an dem Sie für ein paar Tage alles hinter sich lassen können, dann überlegen Sie erst sorgfältig, wo Sie hingehen möchten. Tauchen Sie nicht einfach überraschend bei Freunden auf, selbst wenn Sie sie noch so gut kennen. Sie könnten mitten in eine Familienkrise hineinplatzen.

Finanzen/Geschäfte: Überlegen Sie gut, ob Sie jemandem Geld leihen. Sie könnten diesen Menschen vielleicht zum letzten Mal gesehen haben. Es wäre klüger, nein zu sagen und zu riskieren, jemanden zu verletzen, als ja zu sagen und am Ende der Verlierer zu sein.

Liebe/Zuneigung: Lassen Sie sich durch Tratsch über Ihren Partner nicht in Ihren Gefühlen zu ihm beeinflussen. Erzählen Sie ihm offen, was Sie gehört haben, und lassen Sie ihn seine Version der Geschichte erzählen.

156 – Netz Katze Obstbaum

Allgemeine Situation: In den meisten Familien gibt es ein schwarzes Schaf. Sollte er oder sie unerwartet zurückkommen, dann sorgen Sie dafür, daß alles in freundlichem Ton abläuft und über alte Fehden und Streitpunkte, besonders über Geld, gar nicht erst geredet wird.

Finanzen/Geschäfte: Wenn Sie treuhänderisch mit dem Familienvermögen betraut sind, besonders wenn Sie es verwalten, sollten Sie darauf achten, daß alles gut organisiert ist.

Liebe/Zuneigung: Wenn Sie und Ihr Partner neulich zu Geld gekommen sind, sollten Sie zusehen, daß alles gerecht verteilt wird. Sie könnten sonst der Ungerechtigkeit und Unterschlagung bezichtigt werden. Entzweien Sie sich nicht wegen Geldangelegenheiten.

155 – Netz Katze Becher

Allgemeine Situation: Schlagen Sie eine Einladung zu einem Familienfest nicht aus, nur weil Sie etwa glauben, es würde Ihnen nicht zusagen. Machen Sie mit, versuchen Sie, sich in andere Dinge hineinzudenken. Sie werden überrascht sein, wieviel Sie davon haben.

Finanzen/Geschäfte: Vielleicht erwartet man von Ihnen, daß Sie die Kosten für ein Fest, zum Beispiel eine Hochzeit, übernehmen. Versuchen Sie, die Kosten so gering wie möglich zu halten. Es kann sonst sein, daß Sie sich ein großes Geschäft verderben.

Liebe/Zuneigung: Lassen Sie nicht zu, daß Ihre Familie sich öffentlich über Ihre Partnerwahl streitet. Vor allem dann nicht, wenn Sie in Kürze ein öffentliches Amt bekleiden werden und noch andere Mitglieder Ihrer Familie mit von der Partie sind.

154 – Netz Katze Schlüssel

Allgemeine Situation: Wenn Sie sehen, daß ein Mitglied Ihrer Familie in eine riskante Sache verwickelt wird, dann helfen Sie ihm mit Ihrer Erfahrung aus und befreien ihn aus der Falle. Vielleicht wird man Ihre Ratschläge völlig ignorieren.

Finanzen/Geschäfte: Wenn Sie finanzielle Schwierigkeiten haben, mit denen Sie selber kaum fertig werden, sollten Sie mit Ihrer Familie darüber reden. Möglicherweise können Sie das Problem miteinander lösen.

Liebe/Zuneigung: Wenn Sie sich aus einem Flirt, der Sie immer mehr einzwängt, befreien wollen, sollten Sie bei einem Verwandten, der schon in einer ähnlichen Lage war, Rat suchen. Vielleicht kann er Ihnen helfen. Wenn Sie sich entschieden haben, wie Sie vorgehen, warten Sie auf einen günstigen Augenblick, um zu handeln.

153 – Netz Katze Leiter

Allgemeine Situation: Lassen Sie nicht zu, daß Ihre Familie sich in Ihre persönlichen Angelegenheiten einmischt, selbst wenn sie es noch so gut meint. Hören Sie sich die Ratschläge an, sie könnten nützlich sein, aber auf lange Sicht müssen Sie selbst entscheiden, was Sie machen wollen und wie Sie es machen wollen.

Finanzen/Geschäfte: Bevor Sie Ihr Geschäft von zu Hause aus leiten, sollten Sie sich alle möglichen Nachteile gut überlegen. Sie würden zwar die Zeit einsparen, die Sie sonst unterwegs verbringen, und auch Spesengelder sparen, aber wie sieht es mit der Ablenkung aus? – Kinder, Haustiere, Anrufer, der ganze Haushalt. Es könnte verheerende Folgen für Ihre Konzentration haben.

Liebe/Zuneigung: Verhindern Sie, daß ein Familienstreit oder Eifersucht sich zwischen Sie und Ihren Partner stellt oder daß Ihre Familie Ihre knappe Zeit übermäßig beansprucht.

152 – Netz Katze Blitz

Allgemeine Situation: Wenn Sie in eine Sache verwickelt sind, von der Ihre Familie nichts weiß und die sie auch sehr mißbilligen würde, sollten Sie schnell alle Schotten herunterlassen, wenn Sie nicht entdeckt werden wollen. Noch besser wäre es, die ganze Angelegenheit einzugestehen, um so ihr Gewissen zu entlasten.

Finanzen/Geschäfte: Halten Sie Ihr Geld zusammen, und vermeiden Sie überflüssige Käufe.

Liebe/Zuneigung: Es ist nicht so einfach, wie es scheint, sein Leben mit jemandem zu teilen. Wenn Sie Erfolg haben wollen, müssen Sie ebenso geben wie nehmen. Wenn Sie öfters unüberlegt handeln, brauchen Sie sich nicht zu wundern, wenn plötzlich der schönste Krach da ist.

151 – Netz Katze Schnecke

Allgemeine Situation: Passen Sie auf versteckte Probleme auf. Augenblicklich können Sie mit ihnen nur fertig werden, wenn Sie sich allem sehr vorsichtig nähern.

Finanzen/Geschäfte: Seien Sie vorsichtig, wenn Sie in Antiquitäten investieren. Es ist sehr leicht, hier Fehler zu machen.

Liebe/Zuneigung: Lassen Sie nicht zu, daß Ihr Partner Sie in einen Streit mit hineinzieht, der entweder seine oder Ihre Familie betrifft. Gehen Sie behutsam vor. Vermeiden Sie jede Form von Parteilichkeit, und vermeiden Sie wenn möglich überhaupt dieses Thema.

146 – Netz Messer Obstbaum

Allgemeine Situation: Sie erleben gerade keine schöne Zeit. Alles, wofür Sie gearbeitet haben, scheint in Frage gestellt und vom Scheitern bedroht zu sein. Versuchen Sie, sich dadurch nicht unterkriegen zu lassen, und vermeiden Sie überstürzte Entscheidungen. Passen Sie auf, daß Sie nicht durch eigene Unvorsichtigkeit einen Unfall riskieren.

Finanzen/Geschäfte: Die Nacht der langen Messer. Arbeitsplatzpolitik, Kräftemessen und Verwirrung nehmen überhand. Sogar Ihr Arbeitsplatz oder Ihre finanzielle Sicherheit könnte auf dem Spiel stehen. Vermeiden Sie alle Entscheidungen, bis Sie wissen, wem Sie trauen können. Unterschreiben Sie nichts. Sie könnten sonst Probleme haben.

Liebe/Zuneigung: Möglicherweise fühlt sich jemand, der Ihnen nahesteht, etwas deprimiert. Obwohl Sie merken, daß etwas nicht so ist, wie es sein sollte, ist es sehr schwer, das

Problem zu erkennen. Alles, was Sie tun können, ist, Augen und Ohren offen zu halten und keine unüberlegten Dinge zu sagen, die Sie später, falls es zu einem Streit kommen sollte, bedauern müßten. Besonders wichtig ist es, Geldstreitigkeiten zu vermeiden.

145 – Netz Messer Becher

Allgemeine Situation: Sie haben sich mit Sicherheit eine schlechte Zeit ausgesucht, wenn Sie Ihren Terminkalender jetzt mit allen möglichen gesellschaftlichen Verpflichtungen füllen. Die Menge der Leute mag vielleicht beruhigend auf Sie wirken, aber gerade im Augenblick gilt: je größer die Anzahl, desto größer das Risiko, enttäuscht oder hintergangen zu werden. Bleiben Sie mit einem guten Buch zu Hause.

Finanzen/Geschäfte: Es passiert etwas unter der Hand. Halten Sie deshalb Ihre Ohren offen, und sehen Sie zu, daß Sie vorteilhafte Informationen aufschnappen. Handeln Sie jedoch nicht zu schnell.

Liebe/Zuneigung: Ihr Partner muß sich von Ihnen als seiner anderen Hälfte viel gefallen lassen. Seien Sie etwas entspannter, und sehen Sie nicht überall Probleme, wo gar keine sind.

144 – Netz Messer Schlüssel

Allgemeine Situation: Verhindern Sie es, daß andere mit einem Komplott Ihre Pläne durchkreuzen. Richten Sie Ihr Hauptaugenmerk auf Ihre eigenen Ziele, und geben Sie Ihr Bestes.

Finanzen/Geschäfte: Industrielle Schwierigkeiten könnten Ihnen entweder direkt oder indirekt schwere finanzielle Verluste zufügen. Sie müssen versuchen, die Verhandlungsbasis zwischen Management und Gewerkschaft wieder herzustellen.

Liebe/Zuneigung: Wenn sich Ihre Privatangelegenheiten in einem turbulenten Zustand befinden und Sie nicht genau wissen, was Sie machen sollen, dann tun Sie am besten gar nichts. Lassen Sie alles so weiterlaufen, selbst wenn Sie wirklich unzufrieden sind – die Zeit hat ihre eigene Macht, Probleme zu lösen. Sie müssen nur bereit sein, lange genug zu warten.

143 – Netz Messer Leiter

Allgemeine Situation: Versuchen Sie, nach außen hin ruhig zu bleiben, selbst wenn Sie das Gefühl haben, jeden Augenblick in die Luft gehen zu können. Wenn Sie Ihre Selbstbeherrschung verlieren, machen Sie sich nur selbst zum Narren. Versuchen Sie, sich fest im Griff zu halten und Ihre Probleme eins nach dem andern zu lösen.

Finanzen/Geschäfte: Lassen Sie nicht so schnell den Mut sinken, und geben Sie nicht auf. Lassen Sie sich nicht in die Ecke treiben und unterkriegen – Sie brauchen all Ihren Mut und Ihre Entschlußkraft, um Ihr Ziel zu erreichen.

Liebe/Zuneigung: Ein neuer Kollege anderen Geschlechts wird eine große Abwechslung und auch eine gewisse Versuchung für Sie sein. Wie Sie sich verhalten, hängt ganz davon ab, wie gut Ihre gegenwärtige Beziehung ist.

142 – Netz Messer Blitz

Allgemeine Situation: Wenn Sie sich darauf vorbereiten, schnell zu handeln, können Sie eines Ihrer Hauptprobleme lösen. Glauben Sie aber nicht, daß es ein leichter Weg sein wird. Sie werden hart arbeiten und alle Ihre Fähigkeiten in die Waagschale werfen müssen. Sind Sie bereit, die Herausforderung anzunehmen, und können Sie andere Versuchungen zur Seite schieben?

Finanzen/Geschäfte: Versuchen Sie, so unabhängig wie möglich zu sein, und nehmen Sie nicht so oft andere in Anspruch, um aus eigenen Schwierigkeiten herauszukommen. Wenn Sie alle Dinge sorgfältig betrachten und nichts überstürzen, müßte es Ihnen gelingen, den meisten finanziellen Fallen auszuweichen. Seien Sie zuversichtlicher.

Liebe/Zuneigung: Obwohl ein Mensch, dem Sie nahestehen, viel Wirbel um sich macht, sollten Sie sich nicht zu sehr auf seine Probleme einlassen, wenn Ihnen diese Freundschaft am Herzen liegt. Ihre Hilfsangebote oder Ratschläge könnten völlig mißverstanden werden.

141 – Netz Messer Schnecke

Allgemeine Situation: Passen Sie auf, daß Ihre Gesundheit nicht durch Spannungen und Streitigkeiten in Ihrem Umkreis aufgerieben wird. Dieses Gezänk hat nichts mit Ihnen zu tun. Hören Sie zu, wenn Sie meinen, es sei nötig, aber lassen Sie sich nicht darauf ein, Partei zu ergreifen. Sie müssen neutral bleiben.

Finanzen/Geschäfte: Finanziell sind Sie am besten beraten, wenn Sie nichts unternehmen, bis neue Richtlinien erschienen sind.

Liebe/Zuneigung: Widerstehen Sie der Versuchung, sich als Heiratsvermittler zu betätigen – auch wenn Sie der Meinung sind, die beiden würden sehr gut zusammenpassen. Wie gut auch immer Ihre Absichten sein mögen, das Vorhaben, zwei Leute so zu beeinflussen, ist schlecht.

136 – Netz Herz Obstbaum

Allgemeine Situation: Stellen Sie klar, daß nicht immer Sie die Rechnung bezahlen, wenn Sie mit Freunden ausgehen. Sie arbeiten hart für Ihr Geld, also seien Sie auf der Hut vor Leuten, die es gerne für Sie ausgeben.

Finanzen/Geschäfte: Einer Ihrer sogenannten »Arbeitsfreunde«, von dem Sie dachten, Sie könnten ihm trauen, zeigt sein wahres Gesicht. Seine Machenschaften werden bald ans Licht kommen. Lassen Sie sich nicht der Mitwisserschaft bezichtigen.

Liebe/Zuneigung: Versuchen Sie nicht, einen wichtigen Menschen in Ihrem Leben dadurch zu beeindrucken, daß Sie vorgeben, jemand zu sein, der Sie in Wirklichkeit gar nicht sind. Es ist besser, sich selber treu zu bleiben, als später als Betrüger entlarvt zu werden.

135 – Netz Herz Becher

Allgemeine Situation: Steigen Sie eine Zeitlang aus dem tagtäglichen Wettrennen aus, und verbringen Sie mehr Zeit mit Ihrer Familie und Ihren Freunden. In Gesellschaft von Leuten, denen Sie trauen können, werden Sie sich erholen. Das ist besser, als ständig auf der Hut vor Leuten zu sein, die hinter Ihrer Arbeit her sind oder Sie ständig kontrollieren.

Finanzen/Geschäfte: Wenn Ihr Lieblingsprojekt (oder ein Hobby), in das Sie eine beachtliche Menge Geld gesteckt haben, scheinbar keine Erfolge zeigt oder Sie nicht so ausfüllt, wie Sie dachten – dann schreiben Sie es ab. Alles, was Sie noch hineinstecken, ist vertanes Geld.

Liebe/Zuneigung: Wenn Ihre zärtlichen Begegnungen Sie in der letzten Zeit enttäuscht haben und Sie sich nun etwas niedergeschlagen und ungeliebt fühlen, sollten Sie alte Freunde aufsuchen und mit Ihnen versuchen herauszufinden, was los war.

134 – Netz Herz Schlüssel

Allgemeine Situation: Gehen Sie aus, wenn Sie das Gefühl haben, das Leben ziehe irgendwie an Ihnen vorbei, und Sie gerne ein bißchen mehr erleben würden. Es besteht die Möglichkeit, daß neue Interessen Ihnen die Möglichkeit verschaffen, nach denen Sie gesucht haben.

Finanzen/Geschäfte: Sie sollten bei Ihren eigenen Angelegenheiten etwas mehr Vorsicht an den Tag legen. Passen Sie auf, daß Sie bei Einkäufen nicht kurzentschlossen handeln. Es ist auch nicht ratsam, Geld zu verleihen, selbst wenn es sich um Ihren besten Freund handelt. Sie könnten sonst Probleme bekommen.

Liebe/Zuneigung: Wenn Sie das Beste aus Ihrer Beziehung machen wollen, ist Aufrichtigkeit die beste Taktik – ob Sie verheiratet sind oder nicht. Vermeiden Sie alle Arten von Heimlichkeiten.

133 – Netz Herz Leiter

Allgemeine Situation: Es werden sich neue Möglichkeiten eröffnen, die Ihnen großen Erfolg bringen können. Versuchen Sie aber, Ihre Ziele mit ehrlichen Mitteln zu erreichen, oder Sie verlieren einige Freunde auf Ihrem Weg.

Finanzen/Geschäfte: Überprüfen Sie zuerst, ob Sie die nötigen Qualifikationen haben, bevor Sie sich um eine neue Stelle bewerben, besonders dann, wenn ein guter Freund ein Wort für Sie einlegt. Sie vergeuden nur viel Zeit und machen Ihren Freund zum Narren.

Liebe/Zuneigung: Schieben Sie Ihre eigenen Hobbys und Interessen etwas zur Seite, und verbringen Sie mehr Freizeit mit Ihrem Partner. Es wird Ihrer Beziehung guttun, und Ihre Hobbys können Sie jederzeit später wieder aufnehmen.

132 – Netz Herz Blitz

Allgemeine Situation: Im Augenblick sollten Sie nichts auf die schnelle erledigen. Ihre Freunde und Ihre Familie könnten Ihre Motive falsch verstehen.

Finanzen/Geschäfte: Sollte sich die Gelegenheit ergeben, schnell Geld zu verdienen, dann vergeuden Sie keine Zeit damit, unnötig Rat zu suchen. Handeln Sie schnell, und lassen Sie sich dieses Mal von Ihren eigenen Gefühlen leiten.

Liebe/Zuneigung: Wenn Sie sich die Liebe und das Vertrauen Ihres Partners bewahren wollen, dann dürfen Sie Ihre Privatangelegenheiten nicht mit anderen Leuten diskutieren. Nicht jeder ist vertrauenswürdig, und das letzte, was Sie beide wollen, ist, daß man hinter Ihrem Rücken über Sie tratscht. Sie sollten Ihre Probleme unter sich ausmachen.

131 – Netz Herz Schnecke

Allgemeine Situation: Jemand, den Sie sehr gern haben, übernimmt sich im Augenblick. Sie wissen es. Versuchen Sie, ihm die Sache etwas zu erleichtern, und helfen Sie ihm, wo Sie können, denn er hat im Augenblick wirklich ein Päckchen zu tragen.

Liebe/Zuneigung: Versuchen Sie nach Möglichkeit alle Entscheidungen, die Geldangelegenheiten betreffen, zu vermeiden. Versuchen Sie, Zeit zu gewinnen, um die Lage überprüfen zu können. Wenn Sie Verzögerungstaktiken anwenden, könnten Sie etwas bemerken, wovon Sie normalerweise keine Notiz genommen hätten.

Liebe/Zuneigung: Zeigen Sie etwas mehr Mitleid mit Ihrem Partner – er fühlt sich gerade nicht besonders gut, versucht aber, es vor Ihnen zu verbergen. Gehen Sie ihm einen Schritt entgegen, und helfen Sie ihm, bis Sie sicher sind, daß er sich wieder vollkommen erholt hat.

126 – Netz Storch Obstbaum

Allgemeine Situation: Es ist an der Zeit, einige Verbesserungen sowohl zu Hause als auch am Arbeitsplatz vorzunehmen. Lassen Sie sich etwas einfallen, geben Sie Ihrer Phantasie freien Lauf! Passen Sie aber auf, daß Sie sich nicht in überzogenen Vorstellungen verlieren – Ihre Pläne müssen realisierbar bleiben.

Finanzen/Geschäfte: Wenn Ihre Talente und Ihre kreativen Fähigkeiten an Ihrem gegenwärtigen Arbeitsplatz nicht geschätzt werden, sollten Sie sich überlegen, ob Sie sich nicht um eine andere Stelle bewerben oder sich sogar selbständig machen wollen. Es gibt einige Hindernisse, aber wenn Sie nur halb so viele Fähigkeiten und Kräfte besitzen, wie Sie denken, werden Sie sie überwinden.

Liebe/Zuneigung: Was Ihr Privatleben betrifft, so sollten Sie alle vergangenen Schwierigkeiten vergessen, denn sie sind vorbei und vergessen – es hilft nicht, darüber nachzugrübeln. Konzentrieren Sie sich statt dessen auf Ihre Zukunft und Ihre Arbeit. Vor allem machen Sie dieselben Fehler nicht noch einmal. Sie sollten Ihre Lektion jetzt gelernt haben.

125 – Netz Storch Becher

Allgemeine Situation: Ihr Leben wird sich bald nachhaltig verbessern. Sie werden mit der Organisation eines wichtigen Projekts zu tun haben. Das könnte die Gelegenheit sein, auf die Sie schon lange gewartet haben, um neue Ideen und Pläne auszuprobieren. Seien Sie kreativ, und haben Sie keine Angst vor Experimenten.

Liebe/Zuneigung: Geben Sie nicht Ihr gesamtes erspartes Geld für ein Hobby oder für Unterhaltung aus. Bewahren Sie sich einen Teil davon für schlechtere Zeiten auf. Eines Tages werden Sie froh darüber sein, denn die Gelegenheit, etwas Neues anzufangen, könnte sich Ihnen bald bieten. Dann werden Sie Ihr Geld sicherlich brauchen.

Liebe/Zuneigung: Im persönlichen Bereich machen Sie zur Zeit eine unstete und verwirrende Periode durch, die aber bald vorübergehen wird.

124 – Netz Storch Schlüssel

Allgemeine Situation: Sie werden bald die Möglichkeit haben, Ihre Vorstellungsgabe und Ihr Fingerspitzengefühl für organisatorische Probleme zu nützen. Das wird Sie aus dem Alltagstrott erlösen. Wichtige und einflußreiche Leute werden in Ihr Leben treten und Ihnen jetzt und in der Zukunft zur Seite stehen.

Finanzen/Geschäfte: Es ist möglich, daß Sie bald aufgefordert werden, eine berufliche oder geschäftliche Partnerschaft einzugehen. Behandeln Sie dieses Angebot mit einiger Vorsicht, vor allem dann, wenn man von Ihnen verlangt, Sie sollten eigenes Geld in das Unternehmen stecken.

Liebe/Zuneigung: Verbringen Sie nicht soviel Zeit damit, sich Sorgen über die Stabilität Ihrer Beziehung zu machen. Es gibt wirklich keinen Grund dafür.

123 – Netz Storch Leiter

Allgemeine Situation: Wenn Sie davon träumen aufzusteigen, dann versuchen Sie es – Sie werden sicher Erfolg haben. Behandeln Sie die Menschen mit Vorsicht und Überlegung – Sie könnten ihre Hilfe eines Tages gebrauchen.

Finanzen/Geschäfte: Bevor Sie sich auf neue Pläne einlassen, sollten Sie nachprüfen, ob sie auch realisierbar sind.

Liebe/Zuneigung: Nehmen Sie sich die Zeit, mit Ihrem Partner über private Dinge zu sprechen. Vergewissern Sie sich, daß seine Träume und Wünsche tatsächlich mit den Ihren übereinstimmen, bevor Sie sich auf langfristige Zukunftspläne einlassen. Sie könnten überrascht sein über die Antworten, die Sie bekommen werden.

122 – Netz Storch Blitz

Allgemeine Situation: Legen Sie nicht zu viele Eisen auf einmal ins Feuer, und widerstehen Sie der Versuchung, mehr zu machen, als Sie schaffen können. Das würde nur zu Verwirrung und Unachtsamkeit führen.

Finanzen/Geschäfte: Passen Sie auf, daß man Ihre Gutmütigkeit nicht ausnutzt. Sie werden den Schaden haben, wenn etwas schiefgeht, und außerdem haben Sie keine Zeit zu verlieren. Sie haben genügend eigene Arbeit, um restlos ausgefüllt zu sein.

Liebe/Zuneigung: Wenn Ihr Partner Druck auf Sie ausübt, um in einer persönlichen Angelegenheit eine schnelle Entscheidung herbeizuführen, dann versuchen Sie, die Sache so lange wie möglich hinauszuzögern. Das gibt Ihnen die Zeit, sich die Dinge noch einmal durch den Kopf gehen zu lassen.

121 – Netz Storch Schnecke

Allgemeine Situation: Obwohl Sie sich körperlich auf der Höhe fühlen, sollten Sie auf Ihre Gesundheit achten. Anstrengenden Tätigkeiten, besonders einer neuen Sportart, sollten Sie sich vorsichtig zuwenden.

Finanzen/Geschäfte: In finanziellen Angelegenheiten sollten Sie jetzt Inventur machen, überlegen und planen, aber nichts unternehmen. Wenn Sie Ihre Zukunftspläne nochmals sorgfältig durchgehen, können Sie mögliche wunde Punkte herausfinden.

Liebe/Zuneigung: Wenn der Streß und die Belastung des täglichen Lebens Sie niedergedrückt haben und Ihre Pläne und Ideen mit Problemen und Schwierigkeiten belastet sind, dann sprechen Sie alles einmal mit Ihrem Partner durch. Die Liebe und das Verständnis, die Ihr Partner Ihnen entgegenbringt, werden auf Sie eine stabilisierende Wirkung haben.

116 – Netz Sonne Obstbaum

Allgemeine Situation: Lassen Sie sich nicht auf ein Nebengleis abschieben, wenn Sie etwas für sich erreichen wollen. Später werden Sie genügend Zeit haben, andere Dinge zu tun. Im Augenblick aber müssen Sie energisch voranschreiten, um Ihr Ziel zu erreichen.

Finanzen/Geschäfte: Wenn Sie eine finanzielle Katastrophe vermeiden wollen, müssen Sie lernen, im Rahmen Ihrer Mittel zu leben und nicht so zu tun, als hätten Sie mehr, als es der Wahrheit entspricht. Überdenken Sie Ihre Situation, und überlegen Sie sich, wo Sie Einsparungen machen können.

Liebe/Zuneigung: Geld, Erfolg und Macht können die falschen Leute anziehen. Spielen Sie Ihre Leistungen herunter, und machen Sie nicht soviel Aufhebens um Ihren Besitz.

115 – Netz Sonne Becher

Allgemeine Situation: Begehen Sie nicht den alten Fehler, mehr zu sagen, als Sie eigentlich wollen, nur weil Sie entspannt und achtlos sind. Alkohol löst nicht nur die Zunge, sondern trübt auch das Urteilsvermögen – sprechen Sie in lockerer Runde nicht über Ihre Privatangelegenheiten.

Finanzen/Geschäfte: Ihr Schwung und Ihr Ehrgeiz könnten der Grund für eine Beförderung sein. Zählen Sie Ihre Schäfchen jedoch nicht zu früh.

Liebe/Zuneigung: Wenn Sie nicht aufpassen, könnten Sie ohne eigenes Verschulden in eine sehr schwierige Situation geraten. Sie hat mit einer geschiedenen Person zu tun, die Sie auf einer Party oder einer Versammlung treffen. Fassen Sie diese heikle Angelegenheit mit Samthandschuhen an, oder Sie bereiten sich und Ihrer Familie einige Aufregung.

114 – Netz Sonne Schlüssel

Allgemeine Situation: Sie scheinen eine natürliche Gabe zu besitzen, anderen in Problemen und Schwierigkeiten zu helfen. Sie müssen jedoch bedenken, daß Sie manchmal vertrauliche Informationen bekommen, wenn andere Leute Sie in ihre Angelegenheiten einweihen. Erzählen Sie das, was Sie gehört haben, nicht weiter.

Finanzen/Geschäfte: Sie haben den Schlüssel zu Ihrem finanziellen Erfolg, selbst wenn Sie ihn bislang noch nicht benützen konnten. Sie können zuhören und Sie können reden. Das ist genau das, was Sie tun sollten. Hören Sie auf andere, die etwas erreicht haben, und merken Sie sich, wie sie es erreicht haben.

Liebe/Zuneigung: Sie können nicht ständig auf allen Hochzeiten tanzen. Selbst wenn Sie die Wahl vielleicht schon auf zwei Personen beschränkt haben, sollten Sie sich doch bald entscheiden, sonst könnten Sie am Ende allein dastehen. Wählen Sie den Menschen, der Sie glücklich machen könnte.

113 – Netz Sonne Leiter

Allgemeine Situation: Ehrlich währt am längsten. Behaupten Sie nicht, daß Sie etwas können, wenn Sie genau wissen, daß es Ihre Kräfte übersteigt. Sie werden sicher irgendwann ertappt werden und könnten sich dadurch Ihre Zukunftschancen verderben.

Finanzen/Geschäfte: Es ist Zeit, die Ärmel hochzukrempeln und die Anstrengungen zu verdoppeln, bevor es zu spät ist. Es liegt an Ihnen.

Liebe/Zuneigung: Sie werden bald zusammen mit Ihrem Partner hart an einer Sache arbeiten, von der Sie beide begeistert sind – es könnte die Renovierung eines alten Hauses sein. Wenn Sie sich etwas vorgenommen haben, sind Sie beide äußerst entschlossene Menschen. Sie werden sicher Erfolg haben. Passen Sie trotzdem auf kleine Hindernisse und Fallen auf, die Sie aufhalten könnten.

112 – Netz Sonne Blitz

Allgemeine Situation: Wenn Sie aus einer sich bald bietenden Gelegenheit das Beste machen wollen, müssen Sie rasch handeln. Schnelle und genaue Berechnungen sind nötig, denn später werden Sie keine Zeit haben, die Sache zu prüfen.

Finanzen/Geschäfte: Unterschreiben Sie nichts, und lassen Sie sich auf nichts ein, es sein denn, Sie sind genau im Bilde und können sich alles erklären.

Liebe/Zuneigung: Beziehen Sie zur Abwechslung einmal nicht nur alles auf sich. Ihre Karriere wird nicht zusammenbrechen, wenn Sie sich einen Abend freinehmen und mit Ihrem Partner ausgehen. Seien Sie nicht ständig so ernst.

111 – Netz Sonne Schnecke

Allgemeine Situation: Nehmen Sie sich vor, einen ganzen Tag mit Nichtstun zu verbringen oder ein paar Stunden mit Freunden zu faulenzen. All die wichtigen und komplizierten Aufgaben, mit denen Sie sich befassen, laufen Ihnen ja nicht davon. Doch heute sollten Sie sie einmal vergessen und alles auf die leichte Schulter nehmen.

Finanzen/Geschäfte: Versuchen Sie, Ihre finanziellen Angelegenheiten so einfach und unkompliziert wie möglich zu gestalten, wenn Sie unnötigen Ärger und Streß vermeiden wollen. Je komplexer Ihre Finanzplanung wird, desto eher gehen Sie das Risiko ein, Durcheinander und Unruhe zu schaffen. Halten Sie sich an einfache Lösungen – Sie bewahren sich so Ihren Seelenfrieden.

Liebe/Zuneigung: Wenn es in Ihrer Beziehung Themen gibt, die nicht berührt werden dürfen, da sie immer zu Streitereien führen, wie zum Beispiel Religion, Geld, Verwandtschaft usw., dann vermeiden Sie diese Punkte, um nicht in Schwierigkeiten zu geraten. Sammeln Sie Ihre Gedanken, bevor Sie etwas sagen. So bewahren Sie sich eine glückliche und erfolgreiche Beziehung.

Bibliographie

ADDIS, W. E. & ARNOLD, THOMAS A Catholic Dictionary (Virtue & Co. Ltd., London 1951)
BROWN, RAYMOND LAMONT A Book of Superstitions (David & Charles 1970)
CIRLOT, J. E. A Dictionary of Symbols (Routledge & Kegan Paul Ltd., 1962)
COOPER, J. C. An Illustrated Encyclopaedia of Traditional Symbols, London 1978
HILL, DOUGLAS Das Übernatürliche, Genf 1968
JONES, GERTRUDE Dictionary of Mythology Folklore & Symbols
LAMB, GEOFFREY Magic Charms & Talismans
SMITH, CHRISTINE The Book of Divination
VILLIERS, ELIZABETH The Book of Charms (Lorrimer Publishing Ltd., London 1973)
Encyclopaedia Britannica (Band 5)
Oxford Junior Encyclopaedia
Everyman's Encyclopaedia
The Interpreters Dictionary of the Bible (Abingdon Press, N. Y.)
A Guide to Greek & Roman Life (London 1929)

Register

Knaur

Taschenbücher

Esoterik

Aeppli, Ernst:
Der Traum und seine Deutung
416 S. Band 4116

Arnold, Paul:
Das Totenbuch der Maya
256 S. mit 8 Abb.
Band 4121

Blumrich, J. F.:
Kásskara und die sieben Welten
Die Geschichte der Menschheit in der Überlieferung der Hopi-Indianer.
400 S. mit 24 Abb.
Band 4135

Bernstein, Morey:
Protokoll einer Wiedergeburt
288 S. Band 4114

Brunton, Paul:
Von Yogis, Magiern und Fakiren
368 S. mit 12 S. Tafeln.
Band 4113

Cerminara, Gina Dr.:
Erregende Zeugnisse von Karma und Wiedergeburt
288 S. Band 4111

Dee, Nerys:
Schicksalsdeutung aus den Karten
Kartenlegen kann Lebenshilfe im besten Sinne des Wortes bieten. Nerys Dee beschreibt für jeden verständlich die gebräuchlichsten Legesysteme.
192 S. mit zahlr. Abb.
Band 4137

Der Eingeweihte:
Impressionen einer großen Seele.
252 S. Band 4133

Delacour, Jean-Baptiste:
Aus dem Jenseits zurück
143 S. Band 4103

Deshimaru-Roshi, Taisen:
Zen in den Kampfkünsten Japans
Deshimaru-Roshi demonstriert, wie die Kampfkünste zu Methoden geistiger Vervollkommnung werden.
192 S. mit 19 s/w-Abb.
Band 4130

Dowman, Keith:
Der heilige Narr
224 S. mit 1 Karte
Band 4122

Faraday, Ann:
Die positive Kraft der Träume
267 S. Band 4119

Ferguson, Marilyn:
Die sanfte Verschwörung
Persönliche und gesellschaftliche Transformation im Zeitalter des Wassermanns. Mit einem Vorwort von Fritjof Capra.
528 S. Band 4123

Ford, Arthur:
Bericht vom Leben nach dem Tode
240 S. Band 3636

Hagl, Siegfried:
Die Apokalypse als Hoffnung
432 S. Band 4118

Keller, Werner:
Was gestern noch als Wunder galt
432 S. mit 115 Abb.
Band 3436

Kirchner, Georg:
Pendel und Wünschelrute
Handbuch der modernen Radiästhesie.
336 S. mit 50 s/w-Abb.
Band 4127

Esoterik **Knaur®**

Taschenbücher

Band 4112
384 Seiten
ISBN 3-426-04112-X

Dieses fundierte, umfassende Handbuch erklärt dem westlichen Leser anschaulich, wie man ein echtes chinesisches Horoskop erstellen kann. Systematische Anweisungen ermöglichen dem einzelnen die korrekte Kombination der verschiedenen Mondfaktoren. Das Resultat vermittelt Einsichten über die eigene Persönlichkeit und gibt darüber hinaus Aufschlüsse über gegenwärtige und zukünftige Entwicklungen der privaten und beruflichen Situation. Ein Vergleich zwischen chinesischen und westlichen Tierkreiszeichen gibt zusätzliche Orientierungshilfe.

Esoterik

Knaur®
Taschenbücher

Band 4116
416 Seiten
ISBN 3-426-04116-2

Der Psychoanalytiker Ernst Aeppli schrieb dieses Traumbuch im Geiste des großen Seelenforschers C. G. Jung. Er wendet sich an alle, die wirklich Zugang zu ihren Träumen und somit zu ihrem Unbewußten suchen.
Der Autor leitet sein Werk mit folgenden Sätzen ein: »Die meisten Menschen haben Träume; doch nur wenige verstehen ihren Sinn. Das vorliegende Buch versucht nun all jene, die sich um eine bewußte Gestaltung ihres Lebens bemühen und deshalb auf den Traum und seinen Sinn als eine bedeutsame Mitteilung der Seele nicht verzichten möchten, an das Wesen des Traumes und an dessen fruchtbare Deutung heranzuführen.«